国外农业丛书

主编 晋保平 张宇燕

国外的农产品贸易与市场流通

杨 菁 编著

中国社会出版社

图书在版编目(CIP)数据

国外的农产品贸易与市场流通/杨菁编著.
—北京:中国社会出版社,2006.9
(国外农业/晋保平,张宇燕主编)

ISBN 978-7-5087-1531-5

Ⅰ.国… Ⅱ.杨… Ⅲ.①农产品-国际贸易-概况-世界
②农产品-商品流通-国际市场-概况-世界
Ⅳ.F76.2

中国版本图书馆 CIP 数据核字(2006)第 113636 号

丛 书 名:国外农业
主　　编:晋保平　张宇燕
书　　名:国外的农产品贸易与市场流通
编 著 者:杨　菁
责任编辑:李　芳

出版发行:中国社会出版社　　邮政编码:100032
通联方法:北京市西城区二龙路甲 33 号新龙大厦
电　话:(010)66080300　(010)66083600
(010)66085300　(010)66063678
邮购部:(010)66060275　电　传:(010)66051713
网　　址:www.shcbs.com.cn
经　　销:各地新华书店

印刷装订:北京华创印务有限公司
开　　本:140mm×203mm　1/32
印　　张:5.75
字　　数:130 千字
版　　次:2006 年 9 月第 1 版
印　　次:2014 年 7 月第 5 次印刷
定　　价:9.00 元

总序　造就新农民 建设新农村

李学举

党的十六届五中全会作出了建设社会主义新农村的战略部署。在社会主义新农村建设过程中，大力发展农村文化事业，努力培养有文化、懂技术、会经营的新型农民，既是新农村建设取得进展的重要标志，也是把社会主义新农村建设不断推向前进的基本保证。

为落实中央的战略部署，中央文明办、民政部、新闻出版总署、国家广电总局决定，将已开展三期的“万家社区图书室援建和万家社区读书活动”由城市全面拓展到农村，“十一五”期间计划在全国三分之一以上的村委会开展农村图书室援建和读书活动，使两亿多农民由此受益，让这项造福城市居民的民心工程同时也造福亿万农民群众。中央领导同志对此十分重视，中共中央政治局委员、国务院副总理回良玉同志作出重要批示：“发展农村文化事业是新农村建设的重要内容，也是农村发展中一个亟待加强的薄弱环节。在农村开展图书室援建和读书活动，为亿万农民群众送去读得懂、用得上的各种有益书刊，对造就有文化、懂技术、会经营的新型农民，满足农民全面发展的需求，将发挥重要作用。对这项事关农民切身利益、事关社会主义新农村建设的重要活动，要精心组织，务求实效。”

中共中央政治局委员、中央书记处书记、中宣部部长刘云山同志也作出重要批示。他指出："万家社区图书室援建和万家社区读书活动，是一项得人心、暖人心、聚人心的活动，对丰富城市居民的文化生活、推动学习型社区建设发挥了重要作用。这项活动由城市拓展到农村，必将对丰富和满足广大农民群众的精神文化生活，推动社会主义新农村建设发挥积极作用。要精心组织，务求实效，把这件事关群众利益的好事做好。"

为了使活动真正取得实效，让亿万农民群众足不出村就能读到他们"读得懂、用得上"的图书，活动的主办单位精心组织数百名专家学者和政府相关负责人，编辑了"建设社会主义新农村书屋"。"书屋"共分农村政策法律、农村公共管理与社会建设、农村经济发展与经营管理、农村实用科技与技能培训、精神文明与科学生活、中华传统文化道德与民俗民风、文学精品与人物传记、农村卫生与医疗保健、农村教育与文化体育、农民看世界等10大类、1000个品种。这些图书几乎涵盖了新农村建设的方方面面。"书屋"用农民的语言、农民的话，深入浅出，使具有初中文化水平的人就能读得懂；"书屋"贴近农村、贴近农民、贴近农村生活的实际，贴近农民的文化需求，使农民读后能够用得上。

希望农村图书室援建和农村读书活动深入持久地开展下去，使活动成为一项深受欢迎的富民活动，造福亿万农民。希望"书屋"能为农民群众提供一个了解外界信息的窗口，成为农民学文化、学科技的课堂，为提高农民素质，扩大农民的视野，陶冶农民的情操发挥积极作用。同时，也希望更多有识之士参与这项活动，推动农村文化建设，关心支持社会主义新农村建设。

前　言

世界各国的农业在经历了原始农业、传统农业后，已逐步迈进现代农业的历史发展阶段，特别是进入21世纪，农业的商品化和市场化发展趋势日益明显，全球化、集约化、多元化和产业化日益成为世界各国农业的发展趋势。

从20世纪80年代开始，随着世界农产品市场竞争的加剧，各国为保护本国农产品生产与贸易，都不同程度地对农产品出口给予了政策性补贴，且有增加的趋势，并对进口农产品设置了诸多非关税壁垒，使得世界农产品价格不断波动。20世纪90年代以来，尽管世界农产品贸易总量在不断增加，但在世界贸易总量中的比重却呈逐步下降的趋势，这在发展中国家表现得较为明显。

世界各国的农产品贸易与其经济发展水平、自然资源、农业产品结构、农业生产技术以及国内外市场需求之间的关系密切。例如：美国农业劳动生产率高，谷物播种面积大，其中1/3的谷物用于出口；日本农业资源有限，耕地面积少，大部分农产品依靠进口。随着世界经济的发展和国际分工的加深，越来越多的国家参与到了国际农产品贸易当中，有的国家以进口农产品为主，有的国家以出口农产品为主，世界各国的农产品贸易发展道路各不相同。

本书共包括六章内容，第一章对世界农业及农产品贸易发展概况进行了简要介绍；第二、三、四、五章分别介绍了美国、加拿大、日本和欧盟等发达国家和地区的农产品贸易与市场流通状况；第六章介绍了巴西的农产品贸易与市场流通状况。世界各国的农产品贸易与市场流通发展有所不同，这不仅表现在发达国家与发展中国家之间,也表现在不同发达国家之间。

以美国和加拿大为代表的北美市场都是农产品净出口国家，实行农产品专业化生产、区域化布局和规模化经营,农场主资金实力雄厚,市场化程度高,小生产者与大市场之间的矛盾并不存在，农产品竞争力强，农产品贸易在其经济发展中处于十分重要的地位。美国农产品产量的50%以上、加拿大农产品产量的70%以上分别用于出口,年均出口额分别在490亿美元和234亿美元左右。美国和加拿大的农产品出口在减少农产品剩余、提高农民收入、增加农民就业等方面发挥了积极作用。美国和加拿大之所以能够成为世界上的农产品出口大国,离不开政府的政策扶持与管理服务，尤其是美国,为了与其他国家争夺市场,为农产品出口提供了大量补贴。

与加拿大和美国不同的是,日本的农业生产规模小而且分散，小生产和大市场之间的矛盾突出。为了解决农产品买卖难的问题，日本政府采取了一系列措施推动农产品贸易与流通。如,统一规划农产品批发市场且严格进行审批,设立了严格的市场准入制度,建立健全了质量检测体系，制定法律法规保障农产品流通的有序进行,鼓励农业行业协会在农产品流通中发挥积极作用等。在农产品贸易方面,随着日本经济的发展,日本市场由以大米为主逐步转向以肉、蛋、奶、水果和蔬菜为主,呈现出以下特点:对谷物、水产品和肉类等大宗农产品的进出口需求量日益增加；进出口农产品品种日益丰富,质量要求不断提高;对农业发展进行保护。

欧盟作为一个贸易集团,其实行的共同农业政策,通过人为干预将欧盟内部市场与国际市场分割开，使得欧盟内部农产品价格低于国际农产品市场价格,以促进欧盟内部过剩农产品的出口,并通过实施严密的边境措施，签订长期双边协定等保护和扩大内部市场。

巴西是农产品出口大国,以柑橙、咖啡和蔗糖出口为主,这些农产品的产量和出口量均居世界首位,形成了独具特色的农产品出口结构,农产品出口赚取的外汇成为其外汇收入的重要来源之一。

编者

2006 年 5 月

目录

第一章 世界农产品贸易与市场流通概况

第一节 世界农业发展概况

一、世界农业发展的历史阶段

世界农业的发展历程表明（表 1–1），世界各国的农业在经历了原始农业、传统农业的历史时期后，已逐步迈进现代农业的历史发展阶段，发达国家在农业现代化进程中明显走在了前列。特别是进入 21 世纪，农业作为世界各国的重要产业和基础产业，其商品化和市场化发展趋势日益显现，与此相伴的则是农业总产值的增长、农业产业结构的演变、农业产业化的发展和农业科技的不断进步。全球化、集约化、信息化、科学化、多元化、产业化、健康

表 1–1 世界农业发展历史阶段表

名称	时期	劳动力	生产工具	生产技术	经济特点
原始农业	原始社会	大量人力	石器 木器	对自然环境完全依赖，依靠自然肥	集体劳动 生产水平极低
传统农业	奴隶社会开始	人力 畜力	铁器 手工工具	世代积累的经验 依赖自然环境、粪肥、绿肥	自给自足的自然经济为主 商品经济薄弱 生产区域分工不明显
现代农业	二战以后	少量人力	机械化 电气化 自动化	依靠现代科学技术改造自然环境 大量施用化肥和农药	农业生产向区域化、专业化和社会化方向发展 农业劳动生产率和土地利用率较高 农产品商品率高

化、生态化和非农化日益成为世界各国农业的发展趋势。

二、世界农业发展总体情况

(一)世界人均耕地面积减少,耕地面积分布不均衡

根据联合国粮食及农业组织(FAO)公布的资料,2000年,全世界可耕地面积从1990年的13.83亿公顷减少到了13.64亿公顷,耕地约占陆地面积的10.2%。2002年,全世界耕地使用面积为14.04亿公顷,耕作及长期作物土地使用面积为15.34亿公顷,其中,长期作物土地使用面积仅有0.13亿公顷。1990~2000年,世界人口从52亿增加至61.34亿,人均耕地面积由0.27公顷减少到0.22公顷。不仅如此,世界各国耕地面积差异显著,人均耕地面积分布不均匀。美国、印度、中国和俄罗斯等国的耕地面积分别为1.76、1.62、1.43、1.23亿公顷,澳大利亚的人均耕地面积为2.67公顷,而日本只有0.028公顷。

(二)世界的粮食作物生产增长平稳

粮食问题历来是世界各国普遍关注的焦点问题之一。1996~2001年,世界粮食年产量连续6年在20.6到20.9亿吨之间波动。粮食产量之所以徘徊不前,主要原因并不是粮食主要生产国没有增加产量的潜力(许多发达国家在控制粮食生产),而是由于缺粮国家的有效需求不足即没有足够的购买力。1985~2000年,世界人口在15年里增加了12亿,其中11亿是在发展中国家,仅非洲就增加了2.6亿人。2003~2004年,世界谷物产量为18.83亿吨,2004~2005年世界谷物产量为创记录的20.42亿吨,同比增长8.4%。虽然粮食作物总的呈增产趋势(图1-1),但人均占有量已经由360公斤减至340公斤左右。世界上还有大约8亿人的饥饿与营养不良问题没有得到解决。

从品种看,小麦、稻米、玉米三种作物是世界谷物生产的三大

支柱,其总产约占全部谷物的 86%。1990~2001 年,谷物播种面积由 7.08 亿公顷减少为 6.75 亿公顷,总产量则从 19 亿吨增加到了 20.86 亿吨,平均每公顷产量从 2.7 吨增加到 3 吨以上。小麦、稻米和玉米在粮食作物中的比重分别由 1990 年的 29%、27%和 25%变化为 2001 年的 28%、28%、29%。2004~2005 年,世界小麦产量达到 6.204 亿吨,比 2003 年增产约 11%。其中,发达国家产量为 3.43 亿吨,增长了 17%;发展中国家的产量为 2.78 亿吨,增长 4%。2004 年,欧洲区域小麦产量大幅增加,达到 2.15 亿吨,同比增长 39.2%,而北美洲、中美洲和大洋洲的小麦产量分别下降了 4.8%、11.5%、10.7%。同年度,世界稻谷产量达 6.11 亿吨,比 2003 年增加 2700 万吨,增长 4.7%,其中,亚洲稻谷总产达 5.528 亿吨,增长 4.3%。

从地区看,中国、美国、印度、俄罗斯和法国 5 大粮食生产国近年来的粮食作物产量没有明显波动,但因各自所处的气候以及地理位置上的差异,粮食作物的品种和产量不尽相同。水稻在北方国家的生产和消费均较少,而在热带和亚热带国家和地区则是最主要的农作物。玉米的气候适应性很强,各地都有种植。2003

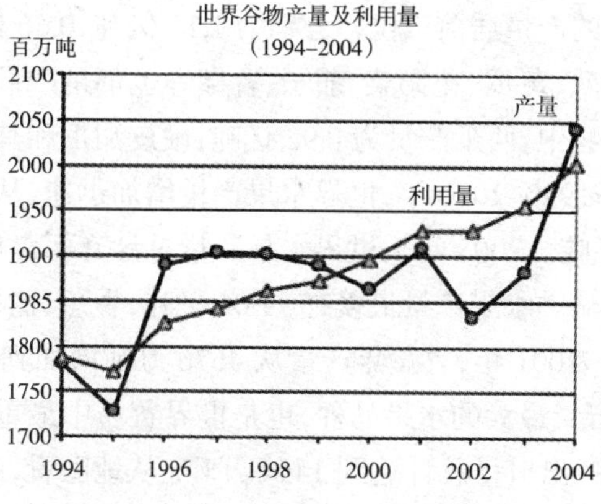

图 1-1 1994~2004 年世界谷物产量及利用量

年，美国玉米产量达到25.7亿吨，居世界第一，俄罗斯大麦产量达到1.80亿吨。

（三）世界农产品的生产结构在不断变化

棉、油、糖是主要的传统经济作物。棉花是世界上最重要的纤维作物，但由于其具有可替代性及生产技术发展较慢，1980~1990年的10年间，棉花产量仅由1400万吨增加到1800万吨，之后10年变化不大，到2001年才恢复增长到了2100万吨。2003年，世界籽棉产量达到5609.71万吨，皮棉产量达到1952.91万吨，中国、美国、印度、巴基斯坦和乌兹别克斯坦是世界上5个主要的棉花生产大国。大豆是世界上主要的油料作物，2003年，世界油粕等的产量约有2.29亿吨，其中大豆和油棕果的产量分别为1.89亿吨和1.43亿吨，美国、巴西、中国和阿根廷是世界上最大的大豆生产国。其他产量较大的作物有带壳花生、椰子和油菜籽。在植物油中，豆油、菜籽油和葵花籽油分别占植物油产量的28%、14%和12%。此外，油棕和油橄榄等木本油料作物的地位也越来越重要，其中棕榈油产量超过1600万吨，所占份额逐渐扩大。

从世界范围看，经济作物中蔬菜、瓜果的地位在逐渐上升。2003年，世界蔬菜和瓜类产量总计8.42亿吨。在蔬菜作物中，番茄、甘蓝和干洋葱的产量居前三位，分别为1.13亿吨、0.66亿吨、0.53亿吨，此外，洋葱、黄瓜、花椰菜、茄子、青椒等也都是产量比较大的蔬菜。瓜类作物中，西瓜产量为0.92亿吨，硬皮甜瓜和其他甜瓜产量0.27亿吨。1990~2000年，世界水果产量增加迅速，从3.53亿吨上升到4.66亿吨。2003年，世界水果产量总计（不含瓜类）4.80亿吨，其中，柑橘类水果产量最多，为1.04亿吨，香蕉、葡萄、橙和苹果次之。1990~2001年，香蕉年产量从4676万吨增加到6865万吨，成为世界上产量最大的水果品种，也是世界贸易中最重要的水果，2000年香蕉的出口量总计达到1444万吨。从地区看，蔬菜、瓜类和水果的生产国大都集中在暖温带和热带地区，中国、印度、美国和意大利是全球蔬菜和水果生产大国。

三、世界各国农业发展不均衡

从世界范围看，各个国家的农业发展水平存在着不均衡，这不仅表现在发达国家与发展中国家之间，也表现在发展中国家内部以及发达国家内部。进入21世纪，发达国家的农业发展进入了以农业机械化程度高、农业生产率高、农业产量高、农业人口少（即“三高一少”）为特征，以畜牧业生产为主的现代化农业阶段；而发展中国家大多仍处在以“三低一多”为特征，以种植业生产为主的传统农业向现代农业的过渡阶段。可见，农业发展水平在发达国家与发展中国家之间存在着较大差异。那么，发达国家和发展中国家内部的农业发展水平和速度是否趋于一致呢？资料表明，发展中国家内部以及发达国家内部农业发展水平的不平衡现象也是非常突出。巴西、阿根廷等新垦区国家的农业机械化水平远远高于靠传统经验发展的东南亚稻米产区的农业机械化水平。美国、加拿大和澳大利亚等国根据其国土面积大而劳动力不足的资源特点，在农业现代化发展中更加侧重于高度机械化、农业机械向大型、宽幅、高速联合作业发展。日本的农场规模小，在农业现代化发展中更加侧重生物技术和水利技术发展以及小型农机具的广泛应用。

第二节 世界农产品贸易现状、特点及结构

一、世界农产品贸易现状及特点

资料显示，20世纪70年代至90年代，世界农产品贸易发展

的总体趋势是农产品出口量的增长率始终低于世界商品出口量的增长率(表1-2)。世界农产品贸易发展的速度呈下降趋势,导致世界农产品贸易额在世界商品贸易额中所占比重逐步降低,由1980年的15%下降到1985年的13.7%,直至1995年的11.8%,15年间下降了3.2个百分点。

表1-2 世界农产品出口量与商品贸易出口量年均增长率比较(%)

指标 \ 年度	20世纪70年代	1981~1985年	1986~1990年	1991~1995年
世界农产品出口量年均增长率	4.5	1.4	2	1.5
世界商品贸易年均增长率	5	2	6	4.5

综观世界农产品贸易发展历程,可以看出,世界农产品贸易的发展具有以下特点:其一,世界农产品贸易增长速度低于世界商品贸易增长速度,且在世界商品贸易中的比重不断下降。特别是随着加工工业和第三产业的发展,制成品与服务贸易的发展速度进一步加快,致使世界农产品贸易在整个贸易中的比重继续下降。但随着世界经济的发展和国际分工的进一步深化,世界农产品贸易的绝对量仍是增加的。其二,发达国家的贸易结构优于发展中国家,发展中国家内部的贸易结构千差万别。其三,世界农产品贸易的主流仍是发达国家流向发展中国家。发达国家继续控制世界农产品贸易,发展中国家依然严重依赖农产品的生产和出口,但其出口所占份额一直在下降。其四,农产品进出口存在相对集中的趋势,少数发达国家农产品出口在世界农产品贸易中占主要份额。据世界粮农组织(FAO)对世界201个国家和地区农产品出口贸易的统计,2001年,美国、法国、荷兰、德国、比利时、卢森

堡、英国等 9 个发达国家的农产品出口额居世界前 9 位，其农产品出口份额之和占当年世界农产品市场份额的 38%，而我国农产品出口额只占世界农产品市场的 3.2%，列居第 10 位。其五，传统农产品如谷物等的贸易总量在增加，但在农产品贸易中的比重不断下降，畜产品、蔬菜和水果等的贸易总量和比重则呈增长态势。其六，20 世纪 90 年代以来，随着人们健康和环保意识的增强，有机农产品销售量增长迅猛。以美国为例，近 10 年来其有机食品销售量每年增加 20%，成为世界上最大的有机食品消费市场。

上述世界农产品贸易的特点表明，传统大宗农产品之间的竞争将日益激烈，肉类、蔬菜和水果的贸易空间相对较大，有机农产品贸易则有更多的市场机会与选择。

二、世界农产品贸易结构

农产品的贸易结构包括贸易商品结构及贸易区域结构。其中，贸易商品结构又可分为水平贸易和垂直贸易两个层次。水平贸易是指农业部门内部各类不同农产品的贸易；垂直贸易是指同类农产品因加工程度和方式不同而产生的贸易。

总体上看，世界农产品贸易主要在发达国家之间进行，占世界人口 25%左右的发达国家控制着世界上 70%左右的农产品贸易量。北美、西欧和太平洋沿岸国家是目前主要的农产品输出国。1998 年，美国、法国、加拿大、荷兰、欧盟等国家和地区的农产品出口分别占世界农产品出口总量的 13.4%、7.7%、7.1%、7%和 37%。从世界范围看，农产品贸易商品结构的总体现状是：发达国家出口农产品加工品的比重高于发展中国家，发展中国家内部农产品贸易的商品结构千差万别。亚太地区、拉丁美洲和加勒比海地区随着经济的发展，出口农产品中加工品的比重由 20 世纪 60 年代的 10%提高到了 20 世纪 90 年代的 33%。阿根廷、巴西、马来西亚等工业化水平较高的国家出口农产品中加工品的比重超过了70%。

下面我们来具体看一下世界农产品贸易的商品结构和区域结构。

(一)世界农产品贸易的商品结构

在世界农产品贸易中,谷物、肉类、奶制品、食糖、烟叶、可可、柑橘、食用油、棉花、橡胶、茶叶、咖啡、香蕉等是较为重要的贸易品,占到了世界农产品贸易总额的50%左右。

(1)谷物。谷物是全球最重要的贸易产品,其中,小麦和玉米在谷物贸易中占有比较重要的地位。2001年,谷物贸易量达到2.70亿吨,占当年谷物总产量的14.40%,其中,小麦和玉米分别占谷物贸易总量的50.65%和29.70%。从地区来看,欧盟、美国、澳大利亚和加拿大是小麦最重要的出口国家和地区,美国则是最大的小麦单一出口国,2001年,其小麦出口量达2655万吨,占全球小麦贸易总量20.60%。

(2)棉花。美国是世界上最大的棉花出口国,其棉花出口量占世界棉花出口总量的三分之一以上;其次是中亚地区和澳大利亚。东盟、欧盟、土耳其和墨西哥等国家和地区则是棉花的主要进口国。

(3)大豆。2001年,全球大豆贸易量约为5845万吨,其中,中国进口大豆1200万吨,达当年国内大豆产量1545万吨的77.7%,约占大豆贸易总量的20.55%,排在欧盟之后,成为名副其实的大豆进口大国。

(4)肉类。2001年,全球肉类贸易量为1700.2万吨,其中,禽肉、猪肉、牛肉和羊肉的贸易量分别为754.5万吨、324.8万吨、516.6万吨和77.7万吨,其他肉类的贸易量仅有26.6万吨。在世界肉类贸易中,除巴西外,美国、荷兰、法国、澳大利亚、新西兰等发达国家控制着肉类出口,是主要的出口国,日本则是世界上最大的肉类进口国。

(5)食糖。世界食糖贸易以原糖为主,每年食糖贸易量约占全球食糖总产量的30%左右。巴西、欧盟、澳大利亚、泰国和古巴是主要的食糖出口国家和地区，其出口量约占世界食糖出口量的65%。俄罗斯、美国、印尼,欧盟、日本、韩国、埃及、伊朗、马来西亚、加拿大等10个国家和地区是主要的食糖进口国,其进口量占世界进口总量的50%左右。

(二)世界农产品贸易区域结构

(1)欧洲是世界农产品主要贸易区域。从1995~2000年世界各主要区域农产品平均进出口额看，欧洲是世界上最大的农产品进出口区域,其农产品进出口额分别占到了国际农产品进出口总额的49.7%和50.4%。进口金额占第二位的是亚洲,占国际农产品进口总额的近30%,其次是北美洲、非洲和南美洲,大洋洲农产品进口较少。北美洲是第二大农产品出口区域,出口金额占国际农产品出口总额的21.6%,其次为亚洲、南美洲和大洋洲,非洲的农产品出口金额最少。

(2)区域间农产品贸易流向发生变化。主要表现在:一是亚洲日益成为世界其他地区的主要出口地区。1990~1995年,北美地区、拉丁美洲、非洲、中东地区、中东欧和独联体地区农产品出口额中流向亚洲的比例分别由16%、3%、5%、3%和4%上升到了41%、15%、17%、13%和18%;二是中东欧、波罗的海国家及独联体国家与西欧之间的农产品贸易关系日益密切，对西欧农产品市场的依赖程度提高;三是西欧依然是非洲地区主要的农产品出口市场。

(3)区域内农产品贸易比重不断加大。随着区域经济一体化的发展,各区域内部农产品贸易量不断增加。1970~1995年,拉丁美洲、西欧地区的农产品区域内贸易比重分别由9%和65%上升到了18%和76%,是目前农产品区域内贸易最发达的地区,中东地区和亚洲地区的这一比重则分别由19%和24%上升至35%和63%,成为农产品贸易流向变化最大的地区。非洲是农产品区域内贸易比重最低的地区,但其比重也由5%增加到了13%。

第二章 美国农产品贸易与市场流通

第一节 美国农业发展概况

美国地处北美大陆南部，北邻加拿大，东濒大西洋，西临太平洋，南接墨西哥和墨西哥湾，国土面积9629091平方公里，是世界上城市化程度最高的国家之一，城市人口占全国人口的75%以上，农村地区地广人稀，2001年，美国务农人口仅占人口总数的2.3%。美国自然资源丰富，发展农业有着得天独厚的条件，大部分地区雨量充沛且分布比较均匀，土地、草原和森林资源的拥有量居世界前列，海拔500米以下的平原占国土面积的55%，有利于农业的机械化耕作和规模化经营。2000年，美国农业用地4.183亿公顷，其中，耕地面积1.79公顷，约占国土总面积的19%，人均耕地面积0.62公顷。

一、美国主要农产品生产状况

(一)小麦

美国是小麦生产和出口的大国，小麦年均产量在6000万吨左右，其中约50%的小麦用于出口，30%以上用于国内消费，10%左右用作牲畜饲料，5%作为种子。

(1)美国小麦的基本分类和用途。美国小麦按硬度、颜色和播种季节的不同，可以分为硬红冬、硬红春、硬白麦、软白麦、软红冬和硬质麦等6个基本类别。其中,硬红冬播于秋季,蛋白质含量较高,具备良好的加工和烘烤特性,主要用于制作面包;硬红春播于春季,蛋白质含量最高,主要用于磨制制作面包和饼干所需的高等级面粉;硬白麦主要用于面条、发酵面包和普通面包的制作;软白麦和软红冬的蛋白质含量较低,主要用于制作蛋糕、糕饼、普通面包、松脆和快餐食品;硬质麦播于春季,是美国小麦中硬度最高的品种,主要用于制作意大利面条和空心粉。

(2)美国小麦生产的地域分布。美国小麦主产区有两大一小3个三角地带。一是以北达科他为主,连带蒙大拿、明尼苏达和南达科他所形成的大三角地带;二是以堪萨斯为主,连带俄克拉荷马、科罗拉多、内布拉斯加和得克萨斯所形成的大三角地带;三是以华盛顿州为主,连带爱达荷和俄勒冈一部分形成的小三角地带。

(3)美国小麦的种植面积。20世纪80年代初以来,美国小麦种植面积呈下降趋势,从1982年的8600多万英亩减至2003年的6170万英亩。在小麦种植面积中,硬红冬占35%,是美国种植面积最大、分布最广的小麦种类;硬红春占30%左右,居第二位;白麦、软红冬和硬质麦分别占17%、16%和5%。

(4)美国小麦产量波动幅度较大。美国小麦生产规模列在中国、独联体国家和欧盟之后,是世界第四大小麦产区,占世界小麦生产总量的9%~10%,消费量只有世界消费总量的6%。20世纪90年代以来,美国小麦产量波动幅度较大,2002年,小麦产量由1998年的25.4亿蒲式耳(1蒲式耳小麦=60磅=27.24公斤)跌至16.2亿蒲式耳,跌幅高达36%,而后又升至2003年的23.4亿蒲式耳,在2002年的基础上大涨25%。

(5)美国小麦的仓储情况。美国小麦仓储可分为两级。第一级是乡村仓储。美国大约有1000多个乡村仓储点,其中,绝大多数属于麦农合作协会,另有一部分属于大型谷物出口公司,还有一些属于谷物公司、面粉厂或本地商人；第二级是终端仓储。终端仓储商从乡村仓储商那里收购小麦，经定级后一般是进行分级存储。终端仓储一般坐落在小麦交易中心和港口，部分终端仓容量可达百万吨以上。目前，美国小麦仓储量占世界仓储量的比重大约保持在12%左右，其中，绝大部分是出于商业目的的私人仓储，政府部门只占很少部分，并且主要是用于国际粮食援助。

(二)玉米

(1)美国玉米的种类。美国玉米90%以上用于饲料，分为臼齿玉米、甜玉米和爆花玉米三类。其中，臼齿玉米种植面积占到了美国玉米种植面积的99%，甜玉米只占1%，爆花玉米不到0.5%。

(2)美国玉米的生产区域分布。美国玉米主产区主要分布在五大湖的西南部，包括伊利诺伊、依阿华、印第安纳、南达科他和内布拉斯加东部、肯塔基和俄亥俄西部、密苏里北部。其中，依阿华和伊利诺两州的玉米产量就占到了美国玉米总产量的1/3。

(3)美国玉米的种植面积。20世纪80年代以来，美国玉米的种植面积变动较大，总的趋势是不断增长。玉米种植面积由1983年的5200多万英亩猛增到1985年8400多万英亩，两年之内增长了60%，又于1988年下降至5800万英亩。1997年至今基本都维持在8000万英亩左右。2004年，美国玉米的种植面积为7900万英亩。

(4)美国玉米的产量变动。美国是世界第一大玉米生产国，总产和单产都高居世界首位。2003年，玉米的种植面积和产量分别占世界的20%和42%，单产达到8.92吨/公顷，比世界平均水平高1倍，比我国高1.8倍。20世纪90年代初，美国玉米产量变动幅度较大。1993年产量为63.4亿蒲式耳(1蒲式耳玉米=39.37公斤)，1994年达到100亿蒲式耳的峰值，1995年跌至74亿蒲式耳，跌幅达26%。1996年回升到92.3亿蒲式耳以后未再跌破90

亿蒲式耳。2003年,美国玉米的产量为90.1亿蒲式耳。

(三)大豆

大豆是世界四大油料作物之一。美国是世界上最大的大豆生产国,其大豆产量约占世界总产量的50%以上,其次是巴西和阿根廷,分别占20%和14%,我国排在第四位,约占10%。美国所产大豆的62%用于国内消费,33%用于出口,5%用于种子、饲料等,其余的用于储备。黄豆、绿豆、棕豆和黑豆是美国主要的大豆品种。

(1)美国大豆的种植分布。美国大豆主产区正好涵盖其玉米主产区的中南部分,大豆与玉米产区重叠的原因在于玉米与大豆在生产上进行轮作。伊利诺伊、依阿华、明尼苏达、印第安纳、内布拉斯加、俄亥俄、密苏里、南达科他、阿肯色和堪萨斯等10个州的大豆生产占到了美国大豆总产量的95%。

(2)大豆的种植面积。美国大豆种植面积从1992年开始持续稳步增长,到2000年,大豆种植面积已经由5800多万英亩增加到了7400多万英亩,8年增长了27%。截至2004年,美国大豆的总种植面积达到了7540万英亩的历史新高。

(3)美国大豆的产量。得天独厚的自然条件和生物基因工程技术的应用使得美国大豆的单产较高。美国也是世界上最早将转基因技术应用于大豆生产的国家,其抗杂草转基因大豆的推广面积达90%以上。尽管转基因技术的应用增加了产量,但由于其对环境和人类产生的影响仍存在着不确定性,许多国家持谨慎态度。

二、美国主要畜产品生产状况

(一)肉牛

肉牛业是美国畜牧业中最大的生产部门,产值占畜牧业产值的25%。美国肉牛业分布较广,存栏100万头以上的州占70%,其中,得克萨斯州的养牛业最发达,2003年肉牛存栏1400万头,约占全美的14.6%，居第一位。

美国肉牛业的经营方式主要有3种：一是放牧肉牛业。即在放牧场上依靠大量牧草进行饲养；二是育肥肉牛业。通常是先在西部的密苏里等州放牧饲养，再转运到得克萨斯、加利福尼亚和中北部玉米带的科罗拉多等州育肥；三是育种肉牛业。主要是生产优质种牛，改良肉牛品质。美国肉牛生产充分利用天然草场，结合集约化育肥，合理利用资源，不仅提高了出栏率，而且提高了肉的品质。美国肉牛生产建立了完整的配套生产体系，完全是专业化、社会化和商品化的大规模生产，商品率高、经济效益显著。

(二)奶牛

奶牛主要分布在美国太平洋沿岸、五大湖地区、南部平原区和东北部地区。美国拥有数量众多的奶牛育种中心和种牛公司，进行高产奶牛的商业性培育和奶牛繁育。无论是奶牛饲养场还是奶牛育种中心，都十分重视奶牛的测定工作，对每头奶牛的血统和产奶量都做了十分准确、全面的记录，为培育高产奶牛打下了良好的基础。

美国奶牛发展经历了3个阶段：①1929~1955年，以发展奶牛头数、稳定奶牛单产、增加牛奶总产为特征的数量发展阶段；②1955~1975年，以减少奶牛头数、提高单产、稳定牛奶总产为特征的过渡改造阶段；③1980~1995年，以稳定奶牛头数、提高单产、发展牛奶总产量为特征的质量提高阶段。

(三)猪肉

美国是世界上的养猪生产大国，生猪存栏数和猪肉产量仅次于我国居世界第二位。2002年，美国猪肉产量897万吨，生猪年销售额10亿多美元，养猪行业每年为美国创造75~80万个就业机会。

美国养猪生产主要分布在玉米生产的集中地区、北部平原区和大湖区附近的8个州，东起俄亥俄、密执安，西北到明尼苏达，西南到密苏里。该区域为养猪生产提供了充足、廉价的饲料玉米，因此，美国80%的生猪生产分布在这里。生猪生产分布在饲料产地符合畜牧业生产的经济效益原则。

美国生猪生产经历了传统开放式猪舍为主到半开放式猪舍为主的发展阶段，目前，半开放式猪舍生产仍占60%，全封闭、现代化的猪舍约占30%。美国养猪场的数量近30年呈减少趋势，但平均规模却日益扩大，养猪生产效率不断提高。20世纪90年代以后，65%的生猪由生产规模在1000~50000头的猪场生产。目前，美国综合养猪场占猪场总数的70%，只饲养商品猪的占17%，单纯饲养种猪并出售仔猪的猪场占11%。美国猪场均有严格的防疫制度，猪场的设址有良好的天然屏障和隔离环境。一般猪场只注射猪丹毒和萎缩性鼻炎疫苗，并对猪瘟、猪呼吸繁殖综合症等疾病进行重点监测。每个猪场都设有粪便和污水处理系统。在生猪生产中，100%的猪场使用混合饲料，并且严格按营养标准由计算机控制配料，年上市1万头以上的商品猪场对猪舍内温度、湿度和饲养管理等均采用了计算机全程控制。在养猪生产成本中，饲料、人工、能耗及固定资产折旧分别占到了50%、10%、7%和20%。

（四）禽肉

美国是世界上最大的禽肉生产国和出口国，养禽业是美国畜牧业生产中发展最为迅猛的产业。2003年，美国禽肉产量达到1735万吨，超过整个欧洲的产量，成为世界第一大生产国。在禽肉生产中，肉鸡产量占到了83%，火鸡也居十分重要的地位，2003年，火鸡肉产量达253万吨，约占整个禽肉产量的14.5%。美国火鸡年均产量在2.7亿只左右，年均消费量约为20磅/人，是世界上最大的火鸡生产和消费国。

在肉鸡场数量逐渐减少的同时，肉鸡场饲养规模不断增大。

肉鸡生产一体化使得美国的肉鸡生产逐步向少数大企业集中，10家大公司的产量占到了美国肉鸡生产总量的67%，其中，最大的3家肉鸡场的生产量就占到了总产量的42%。如，美国泰森食品公司有肉鸡场和加工厂54家，每周生产肉鸡2490万只，加工肉鸡5.66万吨；佩杜公司每周生产肉鸡1220万只，加工鸡肉2.27万吨。一般一个农场一年饲养5批肉鸡，每批饲养8~10万只，一年共饲养40~50万只，只用1~2个劳动力就可以了。现代化鸡场的管理和集约化的生产使美国肉鸡生产的各项指标都处于世界领先水平。

此外，养禽业的飞速发展逐渐改变了美国人的肉食结构。20世纪80年代以前，美国人以猪牛肉消费为主，牛肉和猪肉占到了肉食消费量的80%以上，1987年，禽肉的消费量第一次超过牛肉和猪肉，2003年，禽肉消费量占到肉类消费量的44.2%，居各种肉类的首位。

(五)羊及羊毛

美国羊及羊毛的生产在整个畜牧业生产中所占比例不大，其产值在畜牧业中的比重不足1%，占世界的份额较小。与快速发展的养牛业、养禽业和养猪业相比，羊的生产呈下降趋势。羊的存栏数自1942年达到5621万只后逐年下降，1998年，绵羊的存栏数仅有794万只，主要集中在得克萨斯州。美国有奶山羊200万只，主要饲养在南部各州和加利福尼亚州，年产羊奶60万吨。

三、美国农业生产发展的特点

(一)高度商业化的家庭农场是美国农业生产发展的基础

1826年，美国制定了“宅地法”，为家庭农场的发展奠定了基础。美国的家庭农场按销售额可以分为小型农场和大型农场，前者指销售额低于25万美元的农场，主要包括资源有限型农场、退休休闲型农场、居住生活型农场、低销售额的耕种型农场以及高销售额的耕种型农场五种类型，后者主要包括大型家庭农场、超大型家庭农场和非家庭农场三大类。目前，美国拥有农场204万个，平均规模193.4公顷，其中，小型农场的数量占到了90%以上，占整个农业资产的70%。近年来，以家庭农场为基础的“公司农场”发展较快，大约有7万多个，在美国农场面积和销售额中均占较大比重。

（二）美国农业生产的专业化程度高

美国农业生产中形成了玉米带、小麦带、棉花带等著名的生产带，这种区域分工有利于美国各个地区充分发挥各自的比较优势，降低成本、提高生产率。与此同时，区域分工和专业化生产又有力地带动了附近地区相关产业的发展。

（三）美国农业的生产和销售实现了“从田间到餐桌”的一体化

美国的农业体系被称作“农工综合企业”，在这个体系里就业的人数大大高于农业本身所能吸收的劳动力。如食品的产销系统，就包括农业投入物的供应，农产品的收购、加工、批发、零售等，形成了一个完整的体系。

（四）美国农业对国际市场的依赖性较大

美国是世界上最大的农产品出口国，其农产品约有1/5用于出口。20世纪90年代，美国农业产值还不到国内生产总值的3%，但农业出口却占到了总出口的9%以上。2000年，美国农产品出口总值达7087亿美元，占世界农产品出口总值的12.7%。由此可见，美国农业对国际市场的依赖性较大，一旦国际市场上农产品供过于求，美国政府就会面临农产品过剩问题，容易引发农业危机，冲击农业生产。

第二节 美国农产品贸易与市场流通发展历程及现状

美国是世界上最发达的资本主义国家,其劳动生产率、国民生产总值和对外贸易额长期高居世界首位,是粮油作物、动物产品生产和贸易大国,每年近50%的粮油作物和40%的动物产品用于出口。

一、美国农业贸易概况

美国是世界上最大的农产品出口国。在出口的农产品中,粮食及其制品位居前列,但由于进口国市场的不稳定,美国粮食及其制品的出口量在年际之间波动很大,有下降的趋势。20世纪70年代初,美国粮食及其制品的出口曾经达到了260亿美元,1997年下降到227.61亿美元,2001年进一步降至173.9亿美元。油料(包括植物油和加工副产品)是美国的第二大出口产品,出口量基本维持在60亿美元以上,但也有下降的趋势,其中,大豆从1997年的92.53亿美元下降到了2001年的68.19亿美元。与此同时,水果蔬菜类和畜产品的出口的增长非常迅速,分别从1997年的74.99亿美元和50.54亿美元上升到了2001年的80.14亿美元和60.7亿美元。美国园艺产品进口量有了显著增长,尤其是1995年以来,美国园艺产品的进口量呈现大幅增长,由106亿美元增至1999年的158亿美元,5年内增加了49%。同期,园艺产品的出口增长则较为缓慢,1999年,出口总值仅由1995年的96.5亿美元增加到了103亿美元。

二、美国小麦的贸易情况

(一)美国小麦的交易方式及贸易过程

麦农在小麦收获后可以有多种选择:一是直接按市场现价卖给乡村仓储商;二是自己储存或是由乡村仓储商代为储存,等待价格合适时再行出售;三是进行小麦期货交易。乡村仓储商收购的小麦一般面向面粉或食品加工厂,或是卖给终端仓储商。大型小麦加工企业对小麦的需求量大,一般不从乡村仓储商那里直接采购,而是从终端仓储商那里购买。

美国的小麦交易可以分为现货交易和期货交易两大类。前者多发生于麦农与乡村仓储商之间,后者一般适用于大宗小麦交易。1995~2004年,美国小麦的销售价格变动幅度很大,小麦销售价格一度达到5.7美元/蒲式耳,有时又会跌至2.2美元/蒲式耳,价格走向呈U型变动趋势。小麦价格的频繁剧烈变动,使得小麦交易面临着较大的风险,期货交易为小麦交易商通过套期保值规避价格风险提供了可能。美国小麦期货交易全部通过芝加哥交易所、堪萨斯城交易所和明尼阿波利斯谷物交易所进行,在长期的实际运作中,三家交易所针对不同的小麦品种形成了自然分工,其中,软红冬在芝加哥交易,硬红冬在堪萨斯城交易,硬红春和白麦在明尼阿波利斯交易。

(二)美国小麦的出口贸易

美国小麦的生产量远远高于其国内消费量,近50%的小麦用于出口。2001年,美国小麦出口量占小麦生产量的比重为47%,2002年降至46.1%,2003年又升至48.7%,出口量约在2443万吨,小麦出口额占美国农产品出口总额的7%。2001年,美国小麦出口占世界小麦出口量的比重为26.1%,2002年升至27%,目前维持在30%左右。

从小麦出口品种及地区看，硬红冬、硬红春、软白麦、软红东和硬质麦的出口量分别占到了美国小麦出口总量的40%、20%、20%、14%和5%，出口地区主要集中在亚洲和中东。硬白麦主要用于美国国内市场消费，出口量较小，但出口比例今后有逐渐增加的趋势。

从小麦出口所经港口看，墨西哥湾港口、西岸的太平洋港口、大湖区和圣劳伦斯海道以及大西洋港口等四个港口是美国小麦出口的主要港口，经由这些港口出口的小麦分别占到了美国小麦出口总量的50%、44%、5%和2%左右。

从小麦出口商看，出口经营主体呈现出多样化。大型私人跨国公司、中小型私人跨国公司、合作制小麦经销公司以及麦农自己所有的合作社是小麦的主要出口经销商。其中，大型私人跨国公司一般采取垂直型组织形式，且在主要的小麦进口国都设有代表处。如，嘉吉公司、ADM公司、LDC公司和ZEN-NOH公司等四家大型私人跨国公司就占据了美国大部分谷物的出口市场。嘉吉公司在美国谷物出口量中所占的比重最大，约为35%，小麦出口也占到了美国小麦出口总量的近20%。ADM是美国的一家上市公司，LDC是欧洲的一家私人公司，ZEN-NOH是一家日本合作制公司。中小型私人跨国公司并不直接拥有或经营主要的谷物储运设施，但拥有一个国际性的进口国小麦代理代表网络。此外，一些合作制小麦经销公司和麦农自己所有的合作社也都从事小麦的出口经营。

三、美国大豆的贸易情况

（一）美国大豆在国内市场上的流通状况

美国的大豆农场主和农民合作组织都建有自己的仓储设施，大粮商在各州也都有自己的仓储设施和收购站。农场主在收获大豆后,根据芝加哥期货交易市场价格加上一定贴水(基差)确定大豆的价格,并依据价格的高低决定是自储还是交由乡村仓储商代储,或是直接出售给大粮商。大粮商也可根据自己要货的紧急程度、收购地点的不同制定不同的收购价格。由于同一收购地点存在着多家公司和仓储商收购站并存的局面,因此,在大豆的收购过程中就形成了竞争性的市场收购价格,结果就是农民可以从中获得最好的服务和最为合理的价格。

美国农场主出售大豆有着明显的季节性,70%以上的大豆在收获后的 6 个月之内一般都可以出售完,农场主出售大豆主要集中在 10 月份，这一个月的出售量就占到了大豆全年总销售量的 25%。在大豆总产量中,60%的大豆用于国内加工榨油,35%的大豆用于出口,其余的大豆则被用来作为种子和饲料,大豆出口日益成为推动美国农民种植大豆的主要原动力。

(二)美国大豆的国际贸易情况

美国不仅是世界上最大的大豆生产国,也是世界上最大的大豆出口国。美国每年大豆产量的 40%用于出口，年出口量约在 2400~2800 万吨。美国有相当数量的农场主专门为出口而种植大豆,因此,国际市场的需求和行情变化对美国大豆的生产影响较大。

中国、欧盟、墨西哥、日本、印度尼西亚、韩国和泰国分别是美国出口大豆的主要进口国家和地区。中国已经由大豆的主要生产国和出口国转变为大豆的主要进口国,2003 年，中国共从国际市场进口了 2074 万吨大豆,其中,从美国进口了 1100 万吨大豆,占到了大豆进口总量的 1/2 左右，在进口的大豆中约有 70%是转基因大豆。尽管欧盟对美国的转基因大豆颇有微词,但其从美国进口的大豆量仅次于中国,位列第二。

美国大豆生产主要集中在大湖区、密西西比河三角洲和东南部地区。为方便大豆运输和出口,墨西哥湾港口以及大湖区的圣罗伦斯河和大西洋港口成为了美国大豆出口的主要港口。墨西哥湾港口是世界上最大的大豆转运中心,美国出口大豆的80%经由该港口输出国外。经由大湖区的圣罗伦斯河和大西洋港口出口的大豆仅占全美大豆出口的16%。大湖区及中西部各州生产的大豆先通过内河运输系统和陆路系统运送到密西西比河沿岸的粮库,再转入驳船,每只驳船大约可装载1500吨大豆,10~20只驳船组成拖船队将大豆运往墨西哥湾港口,最后经由该港口运往国外。

四、美国玉米的贸易情况

美国是世界上最大的玉米出口国,近10年来,美国玉米的出口量占到了世界玉米出口总量的50%以上,1995和1996年一度占到了世界玉米出口总量的80%。1999年,美国共出口玉米5200万吨,之后有下降趋势,尽管美国玉米出口量在2003年降到了4100万吨,但仍占到了当年世界玉米出口总量的52%。中国、阿根廷和巴西是世界上除美国之外的主要玉米出口国,在世界玉米出口总量中,中国占20%,阿根廷和巴西占16%。

俄罗斯曾是美国玉米的最大买主,年均进口量约在800~1000万吨,现在已基本不再大量进口。目前,日本、墨西哥和我国台湾地区是美国出口玉米的主要进口国,年均玉米进口量分别在1500万吨、500万吨和500万吨。此外,亚洲的韩国、马来西亚、印度尼西亚等以及东欧的一些国家也是美国玉米出口的重要市场。另外,美国每年也会从邻国进口大约30~40万吨玉米进行少量的品种调剂。

在国际市场上,中国是美国玉米出口的主要竞争对手,中国在2002和2003年分别出口了1167万吨和1524万吨玉米。韩国(韩国对玉米的需求量年均维持在900~1000万吨)、马来西亚、印度尼西亚等国是中美出口玉米的主要竞争市场,与美国相比,中国在向这些国家出口玉米时具有地理位置优势和价格优势。但美国专家预测,随着中国玉米库存量的迅速下降,出口将大幅减少,2004 年一季度中国发出的玉米出口配额就由 2003 年同期的 670 万吨迅速减少至 140 万吨，这就为美国出口玉米留下巨大的市场空间,预计美国今后玉米出口将恢复到 5100 万吨的水平,占到世界玉米出口总量的 65%。

五、美国畜产品的贸易情况

美国是世界上最大的畜产品出口国。2001 年,美国畜产品出口额达到 76 亿美元,占到了世界畜产品出口总额的 14%。

(一)禽肉产品的国际贸易

美国是世界上最大的禽肉出口国，其次是巴西和欧盟，这 3 个国家和地区的禽肉出口总量占到了世界禽肉出口总量的85%。在美国出口的畜产品中,禽肉的出口量最大。美国禽肉出口自 20 世纪 90 年代开始迅猛增长，年平均增长率在 23.5%左右。2001 年,美国禽肉出口额达 13.7 亿美元,出口量达 248 万吨,比 1996 年增长 30%,约占世界禽肉出口总量的 40%,占美国禽肉生产量的 20%。2000 年以后,美国禽肉出口增长速度开始放慢,2002 和 2003 年分别出口禽肉 226 万吨和 216 万吨。

俄罗斯、中国、日本、新加坡以及中国香港等部分亚洲国家和地区是美国禽肉出口的传统市场,美国向这些国家和地区出口的禽肉占到了其禽肉出口总量的 59%。近年来,俄罗斯对美国禽肉进口实施了配额管理,年配额量约为 100 万吨,在一定程度上影响了美国禽肉的出口。此外,墨西哥和中东国家也是美国禽肉出口的重要地区。尽管美国向加勒比海地区、东欧、非洲和中美洲国家出口的禽肉仅仅占其出口总量的 17%,但向这些国家和地区出口禽肉的增长速度却比较快。

美国也是世界上最大的火鸡肉出口国，年均出口火鸡肉22万吨，出口额2.5亿美元，墨西哥是美国火鸡肉的最大进口市场，中国位列第五位。

(二)美国活牛及牛肉产品的国际贸易

美国是世界上最大的牛肉生产国，美国主要出口用粮食和精饲料育肥并经加工分割的高质量牛肉，主要进口靠放牧生产的牛肉。牛肉出口在美国出口的畜产品中居第二位。2001~2003年，美国分别出口牛肉64.5万吨、113万吨和114.7万吨。日本是美国牛肉出口的主要市场，年均进口量约在30~40万吨，比第二大进口国墨西哥高出1倍以上。但2001年发现疯牛病后，日本从美国进口的牛肉数量下降了1/3，2003年12月，日本因疯牛病完全停止了从美国进口牛肉。墨西哥是美国牛肉的第二大进口国，近年来进口牛肉的速度也有所放慢。韩国自2001年牛肉市场放开后，进口增长迅猛，是美国牛肉的第三大进口国。加拿大排在第四，但其在美国牛肉出口市场中的重要性近年来有下降趋势。

美国也是世界上主要的牛肉进口国，澳大利亚、加拿大和新西兰是其进口牛肉的主要供应国，乌拉圭等中美洲的一些国家也向美国出口牛肉。此外，美国还从阿根廷、巴西等国进口加工熟制牛肉。

在活牛的国际贸易中，美国以从加拿大和墨西哥进口活牛为主，进口活牛的数量远比出口的活牛数量多。2002~2003年，美国分别从加拿大进口活牛170万头和52万头，同期，分别从墨西哥进口活牛80万头和122万头。其中，从加拿大进口的活牛可直接用于屠宰，从墨西哥进口的活牛则要经过一段时间的育肥才能屠宰加工。

(三)美国猪肉的国际贸易

美国是世界上第三大猪肉出口国，占世界猪肉出口市场的

18%，排在前两位的是欧盟和加拿大，分别占42%和20%。美国在大量出口猪肉的同时也大量进口猪肉，直至1995年美国才成为猪肉的净出口国。美国猪肉年均产量在900万吨左右，其中8～10%用于出口，2003年，美国共出口猪肉77万吨。日本是美国猪肉出口的最大市场，约占日本猪肉进口总量的70%，约占美国猪肉出口总量的47%。2003年，美国向日本出口猪肉36.3万吨，其中，55%为冰鲜肉，45%为冻猪肉。墨西哥和加拿大(加拿大是猪肉生产大国，每年出口大量猪肉。近年来，加拿大之所以大量从美国进口猪肉，原因在于美国猪肉的价格优势促使加拿大公司从美国进口猪肉再向其他国家出口）从美国进口的猪肉量仅次于日本，分别占美国猪肉出口总量的19%和11%，年均进口量分别在15.1万吨和8.4万吨。

美国是世界上猪肉的第三大进口国，约占世界猪肉进口市场的18%。加拿大和丹麦是美国进口猪肉的最主要供应者，分别占美国猪肉进口总量的80%和12%。加拿大养猪产业的迅猛发展及北美自由贸易区的建立，使得美国在最近10年从加拿大进口猪肉的数量激增。此外，活猪也是美国从加拿大进口的主要品种，2000年以后，年均进口量约在600万头。美国除从加拿大进口活猪外，还向墨西哥、中国等亚洲国家出口活猪，其中，向中国等亚洲国家出口的活猪占美国活猪(美国出口的活猪大部分是种猪)出口总量的14%。

六、中美农产品贸易状况

据美国农业部统计，2001年，中美两国之间的农渔林产品贸易总额达到了43.23亿美元。出口方面，美国向中国出口农渔林产品22.15亿美元，较2000年增加了13.77%，中国成为仅次于日本、加拿大、墨西哥及韩国的美国农产品出口的第五大市场；进口方面，美国从中国进口农渔林产品21.08亿美元，较2000年减少1.63%，在美国农产品进口国中位列第四。按照美国对出口农产品的统计分类，美国向中国出口的农渔林产品主要涉及“大宗谷物”、“中间原料农产品类”、“消费导向的农产品类”、“林产品类”及“水产品类”五部分，出口金额分别为10.9亿美元、5.76亿美元、2.85亿美元、1.37亿和1.27亿美元。与2000年相比，“大宗谷物”和“水产品类”的出口分别减少了1.19%和7.55%，“中间原料农产品类”、“消费导向的农产品类”和“林产品类”的出口则分别增长了44.18%、34%和47%。在美国上述五类产品的出口市场中，中国分别居第四、第五、第十三、第十和第五位。

2001年，美国分别从中国进口“大宗谷物”0.43亿美元、“中间原料农产品类”3.1亿美元、“消费导向的农产品类”3.86亿美元、“林产品类”7.77亿美元以及“水产品类”5.92亿美元。除“大宗谷物”的进口额较2000年下跌了21.1%外，“中间原料农产品类”、“消费导向的农产品类”、“林产品类”和“水产品类”分别较2000年增长了17.09%、0.75%、3.36%和2.13%。在美国上述五类产品的进口市场中，中国分别居第二十六、第三、第十八、第二及第三位。2001年，中国成为美国农产品进口市场的第四大贸易伙伴。

加入世贸组织后，中美之间的农产品贸易出现了一些新变化，主要表现在：其一，与2001年同期相比，2002年，美国对中国出口的农渔林产品高达2.24亿美元，增长了49.88%；其二，2002年，美国对中国的农渔林产品贸易由2001年同期逆差0.17亿美元转变为顺差0.71亿美元；其三，中国农产品关税和配额调整对中美之间“大宗谷物”贸易产生的影响日益突现，2002年1月中国从美国进口的“大宗谷物”较2001年同期猛增了75.95%。

此外，鉴于小麦黑穗病(TCK)传入对中国小麦生产影响的不确定性，中国一直很少从美国进口小麦。直到2003年，中国从美国进口的小麦数量也十分有限,年均进口量约为10~20万吨。

第三节 美国农产品贸易与市场流通的特点

美国农产品生产与市场流通的特点是，农产品生产地集中，以大规模的企业化农场生产为主,销售地则相对较为分散,遍布全美各地,有的甚至出口海外。为了保障农产品流通有序进行,美国议会在1930年通过了《鲜活农产品法》,联邦政府农业部水果蔬菜司负责该法的实施。美国农产品营销的特点是流通渠道短、环节少,绝大多数农产品是由产地直接出售给零售商的,其农产品流通的特征主要表现是:

(一)产地市场较为集中

美国农产品生产区域化程度高，逐步形成了大豆、玉米、蔬菜、小麦、水果等专业化生产区域,因而农产品产地市场比较集中,华盛顿州、纽约州和密歇根州等3个州的产量几乎占到了美国全国产量的70%。产地批发市场与零售商的交易量在整个农产品流通中占有相当大的比重,这一比例约为98.5%。

(二)销地批发市场主要集中在大城市

美国蔬菜、水果等农产品流通主要以产销地批发市场、车站批发市场和零售市场三种交易市场为主。其中,产销地批发市场一般位于生产地和销售地的中心,生产者在农产品收获后先把农产品运往批发市场,然后再让批发市场里面的装卸企业利用相关设备工具对农产品进行包装,包装完后再组织发货。车站批发市场一般位于城里,来自其他产地的蔬菜等农产品都先在车站批发市场进行集中,然后再由批发商和零售商在这里进行面对面的讨价还价,双方谈妥后,就可以经由车站批发市场向其他地方进行分散销售。1930年以来,超级市场这种新的零售方式开始出现并得到了快速发展，之后，超级市场不再仅仅局限于零售业，而是逐步进入了批发领域，并逐渐开始进行连锁经营，新兴的超市连锁经营迅速淘汰了传统的零售商店。

由于美国拥有发达的公路及铁路运输网络，农产品常常能够迅速地由产地运往大城市的车站，形成城市农产品集散市场。美国农产品生产的区域化和专业化，使得农产品的生产供应地并非主要集中在城市附近，而是分布在距离较远的专业化生产区域，这在一定程度上就促使了较为发达的城市批发市场的形成，尽管销地批发市场的农产品交易量仅占农产品交易总量的20%，但却对农产品价格的形成具有主导作用。

批发市场的交易活动如进货对象、进货渠道、经营方式等全部由批发商自己决定，自由选择。批发市场一般在凌晨3:00至上午10:00之间进行交易，前一天的成交价是当天进行交易时的重要参考价格。批发市场的交易有时也可采用电话预约的方式，由用户将所需产品的种类、数量、质量等，通过电话向批发商询问、讨价还价、订货，成交后由批发商组织送货。

纽约是蔬菜和水果等农产品的主产地，有3个主要的蔬菜和水果车站批发市场，其中，纽约市政府提供建设批发市场的土地，农业部负责设计建造批发市场里面的建筑物。在纽约，蔬菜和水果等农产品经过批发市场进行交易的比例占到了蔬菜和水果交易总量的61%，这一比例高于美国全国的平均水平，由此我们可以看到，批发市场是纽约农产品流通的主要渠道。农产品零售则主要通过连锁超市进行，在连锁超市农产品的货源中，约有1/3来自生产者和产地装卸企业及生产者合作社，1/3来自产地中间商，另外的1/3则来自车站批发市场。

（三）美国农产品流通的渠道短、环节少、效率高

在美国，大约78.5%的农产品从产地经过配送中心，直接到零

售商，仅有20%左右的农产品是通过车站批发市场进行销售的。由于农产品流通的渠道短、环节少，使得农产品从生产者到消费者的流通速度较快，不仅有效地降低了流通成本，而且还提高了农产品流通的效率。

（四）保障农产品流通的服务机构齐全

为保障农产品流通的高效与快捷，出现了许多专门为农产品流通和交易服务的组织和机构，如装卸公司、运输公司、加工和分类配送中心，银行和邮局也在这个过程中发挥了重要作用。

（五）批发市场内部交易方式以拍卖、代理销售为主，现货市场与期货市场并举

在批发市场内部，通常采用公开拍卖、代理销售等交易方式，这不仅使得农产品的市场价格能够充分反映市场供求的变化，而且使批发市场上的价格逐步主导了农产品市场价格的形成。以批发市场为基础，形成了农产品期货市场，如芝加哥期货市场等。美国的期货市场十分发达，在世界上处于领先水平，其中，谷物类农产品的期货交易非常活跃，期货交易既能促使生产者有效地调节农产品生产计划，又能稳定市场上农产品的供应。批发市场和期货市场上形成的农产品价格信息向生产者和消费者的及时传递，可以对农产品的生产和消费起到较好的指导和调节作用。

下面我们通过一个具体的案例看一下美国是如何成功地将其产品销往国外的。

案例 2-1

美国苹果是怎么打入中国市场的?

在我国苹果连续丰收而市场相对饱和、销售不畅、价格下跌、果农一筹莫展的当口，美国华盛顿州苹果却在北京、上海、广州等地大举着陆，在强劲的宣传攻势下，抢占中国的苹果市场。

虽然其不菲的价格令人咋舌，但消费者稍加犹豫之后还是打开了钱包。美国人究竟凭什么魔法打开了中国市场？又给中国农业带来了怎样的启示？

美国苹果之所以能迅速打开中国市场，熟练的市场营销操作手法起了十分重要的作用。下面着重讨论华盛顿州苹果营销战略的几个亮点，希望对中国农产品走出国门有所帮助。

1.充分了解营销环境

进入中国市场前，华盛顿州苹果协会通过设在北京、上海、广州等地的办事处，对上述3大城市水果零售及批发市场进行市场调查。对各水果店、水果零售点、批发市场等进行问卷调查，搜集客户资料，了解他们的进货渠道、销售情况及对华盛顿州苹果品质认识和宣传意见，传递华盛顿州苹果的最新信息，张贴海报，悬挂彩旗，派发纪念品及促销用品。

从后来华盛顿苹果畅销情况看，华盛顿州苹果协会前期市场调查工作无疑是有效的，对后来营销活动起到指导性作用。值得一提的是，华盛顿州苹果协会在进行市场调查的同时还开展初期的产品宣传工作，有效传播了产品信息，这是我们出口农产品开展营销活动时非常值得借鉴的。

2.正确选择目标市场

华盛顿州苹果协会选定了一群特殊的销售对象——中国儿童。他们在广州和北京的该协会联络处选择了10家大型幼儿园，宣传小姐向孩子们赠吃华盛顿州苹果，派发宣传小册子，赠送华盛顿州苹果儿童填色比赛画稿，举行儿童填色比赛。在上海，他们举办了“美丽的果园——美国华盛顿州苹果儿童绘画大赛”。参赛对象为3年级以上的中小学生，其内容是美丽的华盛顿果园。

中国实行独生子女政策，特别在经济较发达的北京、广州、上海三地的家长更舍得把钱花在孩子身上。对于定价不菲的华盛顿州苹果来说，市场定在中国儿童身上实乃明智之举。从另一方面看来，抓住了中国儿童就等于抓住了中国的未来市场，华盛顿州苹果协会的营销战略高瞻远瞩，可谓“面向世界，面向未来”。

另外，华盛顿州苹果协会抓住中国人喜欢置办年货、走亲访友送礼品的特点，在圣诞节、元旦及春节等节假日开展了促销活动。在上海和广州，各联络处组织水果店、商店、商场、超市进行零售大抽奖销售。在北京，各主要商场、超市出现了6枚装的华盛顿州苹果礼盒。

中国出口农产品有的往往为求保证销量，不对市场进行细分，无法针对不同顾客群的不同需求塑造相应的产品形象。如此一来，产品不能在众多同类商品中脱颖而出，销售量很难实现突破，也就谈不上实现大量营销的初衷——创造规模效益。华盛顿州苹果协会没有采用大量市场营销战略，而是煞费苦心地把目标市场定在儿童市场和礼品市场上，很有战略意义。

3.优化组合市场营销战略

(1) 别出心裁的产品战略

苹果不仅仅是一种食物。华盛顿州协会着力树立“苹果=健康”的良好形象。在上海，协会开展“一日一苹果，医生远离我——华盛顿州苹果大型健康义诊”，邀请营养学、健康保健学专家坐堂咨询。在普及苹果对人们健康有益的知识时，也普及了人们对华盛顿州苹果的良好形象。“苹果=健康”，送苹果等于送健康，送苹果代表的是关心他人，崇尚健康的美好生活时尚。从这条思路下来，华盛顿州苹果已经超越了一般苹果的食用水果形象，变成时尚和潮流的“代言人”。在这样光彩照人的华盛顿州苹果面前，国产苹果当然显得有些黯然失色。

(2) 恰到好处的定价战略

华盛顿州苹果定价不菲，但却和它的营销战略相配。营销战略把华盛顿州苹果定位在健康、时尚上，高昂的价格也正是这种苹果形象的量化体现。另外，系统的营销过程增加了苹果的附加值，苹果的价格也会上涨。可以说，华盛顿州苹果高位定价是其营销战略的一部分，高价位和高品质在这里得到了统一。

(3) 具有市场针对性的促销战略

华盛顿州苹果协会充分利用中国媒体扩大宣传攻势。协会北京联络处与中国教育电视台、北京35频道合作制作一套四集、长达40分钟的特别节目介绍华盛顿州苹果；在上海，协会上海联络处与东方广播电台音乐台合作，举办为期一个月的“苹果+音乐=……”专题，既播放最新的美国音乐，又宣传华盛顿州苹果的生长、运输及储藏知识，介绍华盛顿州苹果的丰富营养及一些令人垂涎欲滴的小吃秘方；协会广州联络处与广东人民广播电台新闻台合作，开办为期一个月的“春华·秋实·华盛顿州苹果每日一菜”节目。

华盛顿州苹果协会非常了解中国宣传渠道，在公共关系促销战略中，利用具有权威性的电视台和广播电视台，以中国人喜闻乐见的节目形式给中国消费者留下不可磨灭的印象。比较之下，由于资金短缺，观念落后等原因，中国出口的农产品有的很少利用国外媒体做宣传，更谈不上选择国外消费者容易接受的促销方式了。“他山之石，可以攻玉”，如何利用国外已有的传播媒介值得中国出口业学习。

4.组建成熟的营销战略操作机构

一套完善的市场营销战略需要一个有经验的操作者来运行，才能达到预期效果。从上面我们可以看到，进军中国市场的营销过程中，华盛顿州苹果协会起着策划、组织实施和全程控制的不可忽视的作用。

我国目前也有不少农业协会，但还远没有达到美国农业协会那样的企业化和专业化水准，在促进国内农产品出口、开拓国外市场方面的作用微不足道。可见，促进我国农业经贸国际化，还需要积极扶持跨国农业综合企业的发展。

第四节　农业合作社和协会在农产品贸易与市场流通中的促进作用

一、美国农业合作社在农产品贸易与市场流通中的促进作用

美国的农业合作社是在市场经济条件下，由若干单个农民出于自身产销利益的考虑，自发组织起来的互助合作经济组织。农业合作社在美国农村非常普遍，它们在帮助农民降低生产成本、解决农产品销售问题、增加收入方面发挥了很大的作用。

(一)美国农业合作社概况

美国农业合作社就其规模来讲是世界上最大的。美国农业部农村商业和合作社局的调查显示，1995 年，美国有农村合作社 4006 个，社员 3700 多万(很多社员同时加入几个合作社)，资产总额、营业额和净收益分别达到了 403 亿美元、1122 亿美元和 23.6 亿美元。正如一位评论家所指出的："合作社是美国农村的一个重要机构，是美国农村经济发展战略的一个重要组成部分。"

美国农业合作社提供的服务主要有：

(1)销售和加工合作社。这些合作社是沟通农场主和市场的

重要渠道，主要从事棉花、奶产品、水果和蔬菜、谷物和油料作物、牲畜和家禽、干果、大米、糖等农产品的加工和销售，其业务不仅包括农产品的集中、储存、深加工，而且还包括讨价还价、组织拍卖等，目的是为了使农场主获取更多的利润。在4006个农业合作社中，有2074个合作社从事农产品的销售，占到了农业合作社总数的51.8%。其中，从事奶制品、粮食、水果蔬菜销售的合作社分别占到了33%、27%和13%。

(2)供应合作社。这类合作社主要为农场提供农用化学制品、饲料、肥料、燃油、种子和其他物资，此外，它们还提供种类繁多的科技服务，如土壤测试、防疫、育种、奶牛改良、作物监测甚至经济核算和法律咨询等多方位的服务。在4006个农业合作社中，有1458个合作社主要从事农场所需物资的供应，占36.4%。这些合作社供应的农业生产资料占全国的29%，其中向农民供应的化肥、燃料和饲料分别占45%、42%和21%。

(3)信贷服务合作社。这类合作社在农场主获得的贷款中起着十分重要的作用。目前，农业合作信贷体系提供的贷款占到了全部农业贷款总额40%左右，这些贷款主要包括季节性经营贷款、弥补周转资金不足的中期贷款、用于基本建设的长期贷款以及支持出口的贷款等四大类。

(4)服务合作社。这类合作社是专门从事某些服务的合作社，如汽车运输、人工播种、灌溉、仓储和烘干等业务。在4006个农业合作社中，有474个合作社提供与营销和采购活动相关的服务，占11.8%。

(二)美国农业合作社的运作原则及实践

用户受益、用户拥有和用户控制是美国农业合作社在运作过程中坚持的基本原则。

(1)用户受益原则。社员通过联合组成合作社，目的就是为了增强在交易中的谈判地位,获得优质原材料、进入市场的便利以及其他的互惠利益。不仅如此,社员还可以分享合作社经营产生的收益。合作社进行业务经营产生的净收益,按照与社员之间的合作程度返还给社员。没有合作社,这部分利润将由中间商或加工企业赚取。

(2)用户拥有原则。社员拥有合作社的财产,有义务根据使用程度向合作社提供资金,以保持合作社的正常经营并不断发展。

(3)用户控制原则。作为合作社的拥有者,社员有权参与并控制合作社的经营活动。控制权一般由社员投票选举产生的董事会行使。不论社员在合作社拥有多少股权、与合作社的交易量大小,绝大多数情况下,每个社员都只拥有一个投票权。有些情况下,出资额度较大的社员可视交易量得到一个或更多的额外投票权。为了保持投票的公正,社员拥有的额外投票权常常是有数量限制的,这就为合作社的民主管理提供了保障。社员可以投票选举理事,并有权监督合作社给他们提供的服务,这在一定程度上确保了合作社可以集中精力为社员提供服务,而不是为外来投资者赚得利润或者其他目的。

美国的农业合作社在实际运作中形成了一些新的做法,这些做法是对上述合作社基本原则的有益补充,并将合作社与其他经营组织作了进一步的区分,具体有:

一是利益返还方式。合作社按市场价格为社员提供物资和服务,并按具有竞争力的价格收购社员的产品,进行深加工和销售。一般情况下,在一个会计年度之后,合作社会计算一下它与社员之间建立在合作基础之上产生的经营收益,并根据一年当中每个社员同合作社之间交易额的多少,把建立在合作基础上的收益以现金或股权的形式返还给社员,我们把这种收益分配形式称作“利益返还”。例如,一个合作社一年当中建立在合作基础上产生的经营收益为40000元，某社员与合作社之间的交易额占合作社营业总额的2%，因此，该社员可以从合作社得到800(40000×2%)元的利益返还。

二是有限制的少量分红。与得到资本投资的货币报酬相比，得到更多、更好、更实惠的服务是社员组建合作社的根本目的，这些服务包括了物资供应、产品销售及其他服务。因此，绝大多数的合作社对社员的入股资金并不支付任何红利，只有少数合作社在州和联邦法律规定的范围内对社员进行少量的分红。

三是基层合作社之间的合作。基层合作社由于规模太小，很难聚集到必要的资源向他们的社员提供有效的服务。为此，这些基层合作社通过建立合作社同盟、组建合资企业、构建共同的销售代理和信息网络，也就是说，基层合作社通过彼此之间的合作，将单个基层合作社有限的人力、物力和财力集中起来，以较低的成本为社员服务提供了可能。

(三)美国新一代合作社的产生与运作

(1)新一代合作社的含义。新一代合作社是指建立于20世纪90年代初美国北达科他州和明尼苏达州的约50个合作社，这些合作社之所以被称为新一代合作社，主要是因为：其一，与20世纪20年代和40年代初的早期合作社相比，这些合作社代表了最新一代类型的合作社；其二，早期合作社以商品营销为主要目标，而新一代合作社则以发展加工业，提高农产品的附加值作为主要目标；其三，早期合作社主要是作为社员农产品的交换销售场地，新一代合作社与社员之间存在一个“双向”合同，即社员需向合作社交售一定数量的产品，合作社也只向自己的社员收购预定数量的产品。

(2)新一代合作社的产生背景。20世纪90年代以来，美国农产品市场需求和生产组织形式发生了比较大的变化。人们对农产品的需求日益多样化，更加关注食品的健康与安全。农产品生产、加工与销售纵向一体化进程明显加快，农产品贸易不再依赖于传统市场，而是更加趋向于企业一体化经营，也就是说农产品交易更多地通过合同或者企业内部交换完成。合作社的传统运行机制不能够适应农产品生产组织形式的变化。

农业生产技术的不断进步使得美国农产品国内供给量不断增加，此外，经济自由化的发展致使国外的廉价农产品大量涌入美国市场，两方面因素的共同作用导致美国农产品价格不断下降。在农民方面，肥料等生产资料价格和劳动力成本的上涨，降低了农民的生产利润，部分农民开始由农业生产转向利润更高的非农产业，结果就是合作社社员数量的不断减少。在合作社方面，合作社雇佣劳动力成本的提高以及为社员购买保险等投入，提高了合作社的运营成本，使得以初级农产品销售为主的销售合作社的经营利润不断下降。

经济自由化、农产品需求市场的变化和合作社自身体制及管理上的原因，使得美国农业合作社在发展过程中遇到了一系列问题。主要表现在：其一，农业合作社数量不断减少，2001 年，合作社的数量为 3229 个，比 2000 年减少了 117 个；其二，农业合作社社员人数不断减少，农业合作社社员人数由 1999 年的 317 万人减少到了 2001 年的 303 万人；其三，合作社经营业务额和经营利润不断下降，资料表明，2001 年，美国 3229 个供应、服务、销售合作社的业务总额仅为 1236 亿美元，比 1996 年的 1281 亿美元下降了 45 亿美元。

(3)新一代合作社的运作原则。新一代合作社与传统合作社在结构和原则上有一些相似之处，如，坚持一人一票的原则、对社员进行红利分配、由社员选举产生理事会等。此外，交货权和社员的有限性也使得新一代合作社有别于传统合作社，这是由于新一代合作社将重点放在了对农产品的加工上。新一代合作社在成立以前,一般要先行确定加工设施的加工容量,以便将社员向合作社交售产品的数量固定下来。合作社通过发行股份,在社员中分配交货权及为购建生产设备筹集资本。每一股代表社员有向合作社交售一个单位农产品的权利,每一股的售价则取决于合作社期望筹集的资金总额。

案例 2-2

新一代合作社

1.发展加工,增加农民收入。1991 年,在明尼苏达州中部,部分从事灌溉农业的农民希望种植比玉米和大豆收益更好的农作物。虽然该地区适合种植玉米和大豆,但没有相应的加工设备。研究表明,建立一个加工厂可为当地的农民提供一个较好的生产环境和市场。3 年后,明尼苏达州的 67 名农民抵押了种植甜玉米和大豆的 3640 公顷土地,筹集了 200 万美元的产权资本,投入到总投资为 900 万美元的蔬菜加工厂中。这样,北部精菜合作社的成立,使农民能发展多样化的生产,并获得加工增值的收入。

2.通过加工增值,保证市场。达科他种植者面食食品公司是使北达科他州和明尼苏达州农业重新注入活力的 50 个新一代合作社之一。在这个过程的最初阶段,农村和合作社的发展专家帮助周围这些农民找出问题和解决问题的办法。对本地区潜在的市场机会进行的深入调查研究表明,面食食品生产是可以为小麦生产者利益服务的产业。通过把企业建成一个生产者自有的、社员关系密切的合作社,生产者不仅可以从得以确保的市场和稳定的农产品价格中获益,同时他们还可以从加工厂的股份中分得红利。

由于在最初创办合作社的生产者手中有一个完整的商业计划，由于有农村发展的代表帮助，这些小麦生产者开始用该项目的好处来说服其他生产者。试图实现公平和利益的做法是重要的，也是冒险的，因为这要求生产者必须购买至少1500股的股份(每股值3.85美元)才能成为该合作社的社员，这意味着最少得投资5775美元，对于缺乏资金的农民来说是一个不小的数目。但作为回报，社员获得了向建成的加工厂凭每一股交售一蒲式耳小麦的权利。

筹集投资于新企业的资本取得了成功。在这一项目中，总共有1040名小麦生产者入股1200万美元，占建设食品加工厂所需投资的30%，平均每位社员投资11538美元，合2297股，充分显示了他们对该项目的热情和责任感。达科他面食食品公司在1993年11月开始投入生产，他们能生产50多种高品质的面食食品，这些产品都注册有自己的商标，并按指定的渠道销售加工厂设计的能力为5.43万吨，1995年的产量达到4.53万吨，合作社为人口仅有2267人的卡瑞顿创造了180个就业机会。

从以上案例可以看出，合作社希望筹集1200万美元的产权资本，每股的原始值定为0. 11美元／升，每股保证社员可以向加工厂交售35升小麦，每个农民都有机会以原始值的价格购买合作社股份。随后的股值反映了社员期望从合作社得到的回报，这时的股份可以在合作社理事会的许可下进行交易。不要求每个社员购买相同数量的股份,但对所持股份的数量有最高和最低的限制。不论所持股份的多少,合作社仍遵循在选举理事会和决定重大事务时一人一票的原则。

因为每一位社员都为合作社预先成立投入了资金,所以合作社的经营收益均在年末返还给社员。如在达科他种植者面食食品公司,社员以当时市场价的60%向工厂交售小麦,到年底,经营收益按产品年销售额减去合作社的经营支出后的剩余返还给社员。收益按社员交售的小麦所占份额进行分配。合作社扩大规模需要资金也将通过同样的方式来筹集，即社员必须通过预先购买交货权股份对合作社进行投资。

按照合同规定，社员必须向合作社交售自己的产品或从其他地方购买相应的产品来交售以履行合同义务。如果社员不能或不愿完成合同中规定的数量，合作社自行购买所缺数量并将此花费记入该社员的账户中，在年底的分红中就可以体现出来。

案例 2–3

美国西部地区的“新奇士”合作社

在美国农村采访，初次听到“合作社”这个词感到非常新鲜。后来走的地方多了，感到“合作社”在美国农村几乎无处不在，有以地域划分成立的合作社，也有以农产品种类为基础的。美国的农业合作社是市场经济条件下，个体农民出于自身产销利益的考虑，自发组织起来的松散联合体，在产品生产上“社员”各自都充分享有自主权，合作社最主要的目的在于帮助农民降低生产成本，解决农产品积压和销售问题，避免内部互相压价，扩大出口。

科罗拉多州丹佛北部地区的一个农业合作社就是典型的例子之一，合作社办事机构的最明显标志是仓库。不仅有几层楼高的粮库，还有油库、种子库、肥料库、农机及零配件库等等，实际上它是合作社成员的物资集散地、服务中心和对外商业交流的总代理。农民们在收获之后，把粮食统一卖给合作社，合作社再根据国内外市场行情，统一销售、出口，或送去深加工后再销售、出口。个体农民家里不存粮食也不存在粮食积压问题。由合作社统一销售，统一对外谈判，在市场上会使大家都有个好价钱。在粮食销售之后，合作社扣除成本,把钱退还给每个农户。对内,合作社从批发商或厂家直接统一批量进购农用所需要的种子、肥料、农机及零配件,然后提供给合作社成员,这样便减少了农民的生产成本。而合作社本身并不以盈利为目的,它只是个服务机构,比如,社里农民的机械出了故障,打个电话,社里的修配厂就马上派人去修。

在经济日益全球化的今天,合作社作为某个地区和某个行业的农产品总代理的职能变得更为突出。最明显的例子是美国西部地区的"新奇士"合作社。这个由加利福尼亚州南部种植橙子、柠檬和葡萄柚等的果农自发组织起来的合作社,虽然已经有108年的历史,但从来没有像现在这样庞大和让果农感到可以依赖。合作社从加州扩展到亚利桑那州,目前成员已经发展到 6500 多户,并且得克萨斯州的部分果农也有兴趣加盟。

当初,果农之所以要成立合作社,是因为西部地区所产水果品种基本相似,成熟季节也都差不多。每到收获季节,尤其遇到好年成,水果成"灾",大家互相压价,结果谁也没有得到好处。受到多次打击之后,果农们意识到必须在行业内立个规矩,不能擅自杀价,同时要一致对外,让大家都有利可图。于是,成立了"水果合作社"。合作社有科研、包装和销售(包括在海外设销售网点)三大部门。指导果农改善种植技术,所有成员种植的水果成熟后,由包装厂统一派人去摘收,按不同大小和质量自动分类包装,统一商标,统一价格,统一做广告,统一调配出口,形成一个拳头。出售之后,每个成员按销量扣除摘收、包装、销售、广告等成本费给合作社,剩余所得全部退还给成员。这样,不仅使合作社成员都能在销售中获利,而且还打响了同一品牌。目前"新奇士"品牌威震全球,在太平洋彼岸的亚洲国家尤其受到青睐。据估算,仅这个品牌的无形资产就高达 10 亿美元。

而"新奇士"这样的成功例子在美国并不少见,诸如华盛顿州的苹果合作社及许多以蔬菜、粮食等农产品种类划分组合的合作社。如今，在世界农产品贸易竞争越来越激烈的情况下，这些农业合作社的职能越来越向公司企业化方向转变。它们形成的“联合舰队”在向海外远航中，越来越显示出非同寻常的威力。

二、协会在美国农产品贸易与市场流通中的促进作用——以大豆协会为例

美国大豆协会，总部设在美国的密苏里州圣路易斯市，成立于1920年，是一个具有法人资格非盈利的民间团体。大豆协会主要代表其会员——大豆种植业主及农业公司等，开展促销、研究和教育活动，以推动美国大豆业的发展，提高美国大豆种植业主的收益。

(一)美国大豆协会的组织结构

(1)美国大豆协会的会员。美国大豆协会会员包括农业公司、大豆种植业主、外国公司或相关机构等。会员分类：

——正式会员，有投票权。

——联系会员，为相关的行业或机构。

——外国会员，为美国以外的相关公司或机构。

——名誉会员，指大豆行业的资深人员，有投票权。

——临时会员，如农业学校的大学生，毕业后可转为正式会员。

迄今为止，美国大豆协会已有32000名会员，遍及美国的29个州，并在海外设有14个办事处，其中包括在中国北京和上海的两个办事处。

(2)美国大豆协会的组织结构。由农业公司和大豆种植业主产生会员3.2万个，在29个州成立了25个州级大豆协会，由代表25个州级协会的43名董事组成美国大豆协会，同时，州级协会还

产生美国大豆协会各州代表，即选举出来的代表州级协会的131位大豆种植业主，由他们讨论通过议案，提交美国大豆协会董事会。

(3)美国大豆协会的专门委员会。美国大豆协会的专门委员会有：贸易改革和国际事务委员会(涉及各国市场准入)，会员和公司关系委员会(负责发展会员)，公共关系委员会(负责宣传和展览)，财务、行政、服务委员会，战略计划委员会(负责审查工作目标执行情况)，审计委员会，提名委员会，运输事务委员会等。

(4)美国大豆协会的决策程序和执行。根据协会会员反映的意愿和要求，经美国大豆协会各州代表汇集形成议案，提交美国大豆协会决议委员会讨论；召开各州代表年会，形成政策决议；经美国大豆协会董事会交协会执行委员会实施，具体由协会总裁或首席执行官以及州级协会组织落实。主要是三方面工作：出席国会听证会；游说议员和行政当局；联系会员和会见媒体。美国大豆协会还将主要工作事项印成宣传材料，发给3万多会员，发动大家做各级议员、政府和媒体的工作，最终要由议员投票决定大豆行业的命运。

(二)美国大豆协会的主要活动内容

(1)在全球范围内积极推广使用大豆及大豆制品。

(2)代表国内大豆种植者的利益，积极同美国政府和其他国家就大豆业的发展进行沟通。

(3)赞助科研活动，开发大豆和大豆制品的新用途，培育新品种。

总之，美国大豆协会主要是协助大豆种植业主及农业公司经营和开拓国内外市场，并对大豆及其制品的生产和使用进行技术开发、技术指导和技术培训。为此，大豆协会主要开展以下工作：调查研究并咨询、参与和影响国会和政府的农业政策、贸易政策、环保政策和应对国际市场的政策；实施大豆食品与健康的国际计划。

专栏 2–1

2000 年美国大豆协会主要工作介绍

1.游说政府为大豆种植业主提供收入保障。主要包括以下工作内容：

(1)贷款价格提供 2.7 亿美元的额外收入（类似贷款贴息）。

(2)政府提供 5 亿美元的油菜籽种植付款（美国农业部对种植业主的鼓励措施）。

(3)促进政府保证支付 55 亿美元的农业销售转型法案下的付款。

(4)促进政府提高贷款限额到 15 万美元（大豆销售困难时，政府提供销售贷款，种植业主以库存大豆抵押，售后还贷。达不到政府价格售出部分，可免还贷款。单户贷款限额提高到 15 万美元），以保护农户利益。

2.开展“立即投票支持与中国贸易，支持中国加入 WTO”活动。1999 年上海 APEC 会议，美国总统布什与江泽民主席会见时，着重提到美中大豆贸易和保险业的问题，之前就是美国大豆协会的领导游说了美国政府。

3.积极倡导开放对贸易禁运国家的食品和药品贸易。

4.推广使用豆油生产生物柴油，部分取代石油，以保护环境。

5.制订并推广新的田间管理方法，保护土壤免于水土流失。

6.利用在全球的 12 个办事处举办多种活动，推广大豆及其制品的使用。

7.推行大豆与人类健康计划，包括人道主义援助、自愿组织等项目。

专栏 2-2

美国大豆协会在中国主要工作介绍

1.举办饲料和养殖技术研讨会，进行饲料试验，开展现场技术指导活动，提供有关技术资料。

自 1982 年在北京成立办事处以来，美国大豆协会一直同中国农业界密切合作，致力于提高家畜饲养的效率和生产能力。在中国举办了数以百计的技术研讨会和饲养试验，出版了数百种技术资料，并为中国数万农民提供了直接帮助。举办的专题研讨会包括饲养猪、家禽、鱼以及饲料的生产和科学使用等问题，专门为中国饲料加工厂举办了关于质量控制、工厂管理和营养学的研讨会，还与遍布全国的农场及饲料公司合作，进行饲养试验，帮助解决牲畜营养学、生产手段和动物健康等方面的问题。

在技术交流方面，美国大豆协会平均每年赞助 4 个访问团赴美参观访问。这些访问使中国农业界人士与美国同行有机会就各方面信息及技术知识进行交流、探讨，使他们在活动中受益匪浅。

美国大豆协会平均每年编纂或翻译 20 余份技术刊物，并免费发放；制作大量针对中国畜牧业的录像带，以帮助那些需要技术支持的公司与个体农民。

为提高生产能力和效率，美国大豆协会对 3000 个农场和饲料加工厂以及 1000 多个水产养殖场提供免费咨询服务，美国大豆协会的技术主管及外国科学家、研究员负责实施。除指导饲料试验外，该服务还包括对畜棚设计、畜牧生产手段、饲料厂经营、营养学和牲畜健康提出建议。

2.举办大豆食品技术研讨会，进行大豆食品配方试验，促进大豆蛋白在日常膳食中的运用。

3.举办市场研讨会，提供客观的市场信息，促进大豆及其产品贸易。

4.赞助技术交流和贸易培训。

(三)美国大豆协会的资金来源

(1)美国大豆种植业主自发建立起一种“大豆缴款计划”，是协会的最主要的经费来源，由大豆种植业主按年销售额的5‰交纳，大约有1000多万美元，占经费来源的50%以上，美国大豆基金会负责管理。此项收入的一半用于大学的科研开发，另一半的95%用于国外推销。

(2)美国农业部国际市场推广计划下分配的经费，通常占经费来源的35%左右。

(3)州级大豆协会和其他业内组织提供的赞助经费，通常占经费来源的7.5%左右。

(4)会费收入和银行利息等，数量很少。

此外，美国大豆协会用于推广美国大豆及其制品所举办的各种活动，其资金主要来自于美国大豆基金会和各州大豆协会的部分收入，以及美国农业部提供的资金支持。

(四)美国大豆协会的特点

(1)宗旨明确：为美国大豆种植业主的利益服务。

(2)任务清楚：开拓市场，开发技术，服务两头（努力为大豆种植业主、为大豆用户服务，而且是先予后取，其核心还是为推销美国大豆服务），游说四方（各级议会、政府、媒体和国外相关单位）。

(3)机构设置，自下而上，民主产生，自律管理。

(4)运行机制实行市场化原则，工作活动与农户需求挂钩，工作项目和业绩与经费支持挂钩。

(5)协会经费充裕，并有银行存款。协会为会员谋利益，会员提供经费支持。

(6)协会与政府是良好的合作伙伴，协会游说和参与政府制订农业政策，并参与实施农业政策，政府则提供经费支持和对农户的销售贷款支持。

第五节　政府在农产品贸易与市场流通中的扶持政策

鉴于农产品出口在美国国民经济中的重要地位，美国政府历来把支持农产品出口作为政府支持农业的重点，千方百计采取措施鼓励并促进农产品出口，不断开拓海外市场，为美国农产品生产的增长创造机遇。

一、庞大、完整的农产品出口促销体系

美国有着庞大的农产品出口促销体系，农业部、商务部等政府部门对农产品出口起着积极的推动作用，农业协会在农产品出口促销过程中也扮演了重要角色。

(一)美国农业部

美国农业部是联邦政府内阁13个部之一，依法设置，机构稳定，职能明确，是重要的经济管理部门，其职责主要在于监督和指导农业生产，确保向生产者和消费者提供公平的价格和稳定的市场，提高和保持农场主的收入，开发海外市场。美国农业部由各类国家股份公司(如农产品信贷公司)、联邦机构和其他机构组成，是直接负责农产品出口促销的政府机构。其中，海外农业局专门

负责促进农产品出口、出口信贷保证、对外农业援助以及实施多边贸易协定。美国农业部集农业生产、农村生态、生活管理以及农产品国内外贸易于一身，对农业产前、产中、产后实行一体化管理，用一句话来概括，那就是“从田间到餐桌”的管理。

（二）美国农产品信贷公司

农产品信贷公司隶属于美国农业部，在美国农产品出口促销中扮演着非常重要的角色。美国农产品信贷公司主要负责实施各种农产品出口市场开拓计划，同时肩负着支持农民所得和稳定农产品价格的重任，与农业协会关系密切。农产品信贷公司用于执行农业政策的资金属于联邦政府预算中的强制支出资金，为农产品出口促销计划提供了充分的有保证的资金支持。

（三）美国海外农业服务局

在国会授权下，美国海外农业服务局拥有专项预算资金及专门人员用以支持农产品出口。海外农业服务局是农产品出口促销的具体执行部门，其依靠世界上最发达的全球性农业信息通报体系，直接制订并组织实施出口促进计划，不仅为农产品生产者提供国际天气周报、国际农产品生产和贸易行情等信息，指导出口农产品生产，还为出口商提供美国农产品表、外国买主采购意向、贸易展览会信息、海外农业服务局驻外办公室联系方式等等。不仅如此，海外农业服务局还必须及时向国会和法院通报有关农产品出口促销计划的执行进展、执行效果等情况。

（四）美国商务部

美国商务部专门负责处理外国农产品贸易壁垒和贸易障碍的申诉和投诉事宜，帮助农产品出口商解决问题。贸易谈判是美国扩大农产品出口的重要手段，由贸易谈判代表完成。在涉及农业问题时，贸易谈判代表要与农业部紧密合作，因此在国际贸易谈判代表下设立了农业问题助理谈判代表，专门负责与外国政府进行农产品贸易政策的谈判和协议的管理。

（五）美国的各类农业协会

农业协会是美国农产品出口促销体系中的半官方机构，与美国官方机构之间的关系密切，如美国中部农产品国际贸易委员会、南部贸易协会、西部农产品贸易协会、食品贸易协会等，在农产品出口促销体系中起着直接的作用，专门帮助美国农产品生产者和食品加工者出口。这些协会的资金主要来源于美国农业部海外农业局的直接支持，部分资金来自私营农产品企业的捐赠，另有少量资金来自对用于扩大产品品牌知名度的“品牌计划”等极少的一些工作项目的少量收费。农业协会的工作内容主要包括：派遣海外贸易代表团、农产品的国际贸易展示会、开展农产品出口教育和培训、开展国内调查研究、接待国外贸易代表团、在外国进行针对性的定点推销活动等等。

（六）美国的各种农产品贸易协会

美国一共有70多家代表美国各州以及不同类别农产品的贸易协会，是美国生产商、加工商及出口商的代表。这些协会经常举办各种促销活动，并向进口商提供有关美国产品的标准、品种、用途和供应商的详细资料，帮助进口商进口和使用美国的农产品。例如，美国肉类出口协会、阿拉斯加海产协会、加州开心果协会、美国家禽蛋品出口协会、加州提子协会、加州西梅协会、加州葡萄干管理委员会、加州杏仁协会等就曾在中国各大中城市举办过各种研讨会，参加过各类贸易展览会。又如，美国大豆协会与中国饲料和大豆加工业联合推广使用大豆；美国小麦协会与中国面粉加工业和烘焙食品行业联合推广使用美国小麦；美国谷物协会同中国饲料行业合作鼓励使用美国玉米；华盛顿苹果协会与中国水果零售行业合作进行推销等等。

除此之外，还有100多个农业团体负责制定生产计划，提供全球市场信息，督促会员使用统一的商标，建立和利用出口价格协调机制，培养消费者对产品的忠诚度等。

二、以项目方式为农产品出口提供支持

2002年，美国新的农业法案出台，在继续支持重点项目的基础上，对原有农产品出口促进和食品援助项目进行了调整，支持农产品出口的力度进一步提高。美国农产品出口促进和食品援助项目分为直接出口补贴项目（包括出口促进计划和奶类出口激励计划）、食品援助项目（包括食品换和平计划、食品换进步计划、食品换教育与儿童营养计划、食品换发展计划、过剩农产品捐赠计划和农场主间计划）、商品农作物出口信贷担保项目（包括出口信贷担保计划、中介信用担保计划、供货方信用担保计划和设施担保计划）和出口促进项目（包括市场推进计划、海外市场开发计划、质量样品计划、特殊农作物技术援助计划、生物技术与农业贸易计划和新兴市场计划）四大类。美国农业部海外农业服务局负责对农产品出口支持项目进行管理。

2004年6月17日，美国农业部公布了包括市场推进计划、海外市场开发计划和质量样品计划在内的三项出口促进项目计划，并拨款1.6亿美元为71个美国农业贸易促进组织提供资金支持。

（一）市场推进计划

该计划是由1978年的美国农业法案授权建立的。2002年，新的美国农业法案规定，市场推进计划资金将由0.9亿美元逐年递增，到2006年达到2亿美元。有研究表明，如果市场推进计划资金投入增加到2亿美元可使美国大杏仁的生产者价格提高13.6%。2004年，市场推进计划资金已经达到1.25亿美元，有67个贸易组织获得了该计划的资助，其中，美国肉类出口联盟和美国国际棉花委员会获得的资金最多，分别为1064.7万美元和990万美元。

市场推进计划的资助主要针对包括品牌农产品及非品牌农产品在内的加工增值产品。资助的活动范围包括以广告形式进行的零售产品促销、为海外消费者提供生物技术和食品安全培训、为利用美国原料的海外加工商和食品制造商提供技术培训以及对海外市场进行研究等。资助的对象包括非盈利性行业组织或未加入行业组织的私营企业,当这些组织或企业在开拓海外市场遇到阻力或发现新的市场机遇时,均可申请市场推进计划资金支持。这些非盈利性行业组织既可自己开展活动,也可将资金下拨给开展相应活动的成员企业,项目结束后,再向美国农业部海外农业服务局申请对部分经费给予报销。

(二)海外市场开发计划

美国实施该计划已有50年的历史。2002年,美国新农业法案批准的海外市场开发计划为2002至2007年的五年内每年拨款3450万美元。2004年,接受该计划资金资助的美国非盈利性农产品协会或商会为25个。目前,该项目的资助范围已覆盖到美国所有的农产品,市场开发活动遍布世界上100多个国家。

该项计划的实施使得美国农业部与大量非盈利性的农业贸易组织在开拓海外市场和贸易促进方面建立了合作关系,并通过资助一些具有行业代表性或拥有全国性会员的贸易组织,帮助他们减轻进入海外市场的阻力,提高进口国的产品加工能力,推动进口国取消或修订不利于美国农产品出口的法规和标准,为美国农产品出口开辟新的市场或找到新的利用途径等。此外,海外市场开发计划通过采用成本共担的援助方式等,充分调动了私营机构的资金投入。美国贝尔公司整理的一份报告显示,多年来,美国大豆协会、粮食协会、肉类协会、小麦协会、水稻联盟以及国际棉花委员会等行业贸易组织都是这项资金的最大受益者。例如,在海外市场开发计划的资金支持下,美国水稻联盟驻巴西贸易代表开展了定期访问进口商、进行产品需求和进口方式调查、出版通讯、组织贸易论坛、接待贸易代表团等大量活动，这些活动有助于其成员及时准确地掌握客户的需求动态。再如，美国国际棉花委员会在海外市场开发计划的支持下，先后进入了中国香港、韩国、越南、柬埔寨和土耳其市场，并将墨西哥由原来的竞争对手变成了美国最大的出口市场。

（三）质量样品计划

质量样品计划于1999年11月开始实施，该计划的主要目的在于帮助美国农业贸易组织向新兴海外市场的潜在进口商提供优质农产品样品的试用品，让海外进口商了解美国农产品的质量，通过向国外购货商提供样品和技术指导来发展客源。该计划的资助对象主要是食品生产加工企业，不面向最终消费者，资助的重点是能够使美国农产品生产企业广泛受益的项目。美国农业部每年都要对申请质量样品计划资金支持的企业进行审查筛选，企业的项目如果以人口在100万以上、人均收入不足9360美元的发展中国家为目标，这类项目一般可获得优先批准。此外，如果美国农产品出口在某个国家的市场份额低于10%，则这类项目也是重点考虑的对象。项目参与者向海外潜在进口商提供的样品及其出口费用由美国农业部报销。2001~2003年，质量样品计划提供的资金支持分别为120万美元、160万美元和170万美元。2004年，这一资金支持增加到了176.75万美元，包括美国全国土豆推广委员会、美国小麦协会、美国樱桃营销委员会、加利福尼亚农业出口委员会、美国粮食委员会在内的21个贸易组织得到了该计划的资金支持。

三、国内市场流通和海外市场开拓是美国投资的主要环节

美国农业发达，农产品常年大量过剩，不得不实行休耕政策，控制农产品的供给量。因此，美国政府对农业生产环节投资较

少。相反,出于促进农产品销售和为社会公众提供健康安全农产品的考虑,美国对农产品流通环节的投入较多。2000年,美国对生产环节的投资仅为101.93亿美元,对流通环节投资高达263.04亿美元,且对农产品计划的投入最大,为195.48亿美元,占市场流通环节投入的74.32%;其次是海外市场开拓,2000年投入51.9亿美元,占19.73%;食品检疫、包装、营销等的投入为15.78亿美元,占6%。由此可见,美国投资的重点在于帮助农场主生产出农产品后能够顺利的出售,同时又可以得到合理的收入。2000年,美国联邦政府用以支持农产品出口的资金约为64.74亿美元,占投资总额的7.19%,其中,用于农产品信贷公司的出口信贷担保计划、出口促进计划和市场准入计划的资金分别为45亿美元、4.94亿美元和900万美元。2002年,新农业法案中对促进农业出口的投资又有所增加,这些出口促进项目包括市场准入计划、对特定作物的技术援助、国外市场开发合作计划、促进对新生市场的农产品出口、出口贷款担保项目、生物技术和农业贸易项目等。

四、及时调整出口策略,将出口地区转向发展中国家和中等收入国家

在美国国内农产品市场饱和,欧洲等发达国家市场成熟,拓展潜力不大的情况下,美国政府认为,要大规模推动农产品出口,必须开辟发展中国家和中东欧国家市场,以这些国家或地区作为美国农产品出口的重心。为此,美国政府还制定了农产品出口地区选择的战略依据:一是发展中国家对粮食和农产品的需求量大,预计到2020年世界农产品需求增长总量的85%来自这些国家或地区;二是发展中国家花在食品方面的开支比例大,约为收入的一半;三是随着这些国家或地区经济的增长,收入水平的不断提高,对高质量肉类和果蔬产品的需求将会迅速增加。

五、努力迫使别国降低农产品进口关税并减少农业补贴

近年来,尽管美国农产品出口不断增加,但在世界农产品贸易中所占的比例却在不断降低。这一方面是由于美元价格过高对农产品出口产生了不利影响,另一方面则是因为进口国的高关税抬高了美国农产品进入的门槛。针对这种情况,美国政府近年来就农产品贸易问题与许多国家进行了谈判,迫使一些国家降低了进口关税。与此同时,美国还长期同欧盟和其他一些农业发达国家和地区进行讨价还价,迫使它们减少对农业的补贴,以增强美国农产品的竞争力,促进农产品的出口。

六、对转基因产品的出口促进及管理

美国是世界头号转基因产品出口国。鉴于转基因产品市场潜力巨大,美国政府对转基因产品的研究、开发和生产持积极支持的态度。但考虑到某些转基因产品有可能对人类健康和生态环境产生危害,美国政府对转基因产品进入市场也设立了一套完整、严格的申请、检验和批准的程序和制度。美国农业部、美国环境保护署和美国食品与药物管理局主要为转基因产品的生产与销售提供服务并进行管理,同时负责制定转基因产品的相关政策法规。

第六节　金融部门在农产品贸易与市场流通中的作用

一、美国的农村金融体制为农产品生产提供了强有力的资金支持

美国发达的农业离不开完备的农村金融体制提供的资金支

持。目前,美国已形成了多层次、全方位的农村金融体制,即政府主导的农村政策性金融体系、农村合作金融体系以及农村商业性金融体系并存的格局。美国的农村金融制度属于复合信用型模式,也就是说,在提供农业信贷资金的机构中,既有专业性农村金融机构,也有其他类型的金融机构;在金融组织体系上,既有合作性金融机构、政策性金融机构,也有商业性金融机构。

美国的农场基本上都是私人投资进行经营。农场主的资金来源一般有两种途径:一是政府的农产品抵押贷款计划,如果农作物收获后在市场上出售的价格偏低,农民则可以用农产品向金融机构进行抵押而不需要偿还贷款;二是由政府为农场主贷款提供担保,农业贷款期限差异较大,短的约为 1~5 年,长的可以达到 40 年,而且利率一般都比较优惠。

二、美国农产品出口促销的金融支持服务

出口补贴与出口信贷是世界上大多数国家为了增强本国农产品在国际市场上的竞争力而经常采用的两种支持方式,然而,近年来,出口补贴的运用越来越受到世界贸易组织新一轮贸易谈判的限制与监管。美国一直是农产品出口补贴的最强有力的反对者,原因在于美国主要以出口信贷而非出口补贴促进农产品出口。

(一)出口信贷的产生及其含义

出口信贷源自美国与欧洲为了争夺世界市场而采取的出口促销措施,主要通过降低利率和延长还款期限,对海外进口商与本国出口商产生激励作用,以促进本国产品出口。

考虑到向海外进口商放款存在着较大的商业风险和政治风险,因此,私人金融机构一般不愿放款,这就需要官方的支持,鉴于此,发达国家都拥有自己专门的官方或半官方的出口信贷机构。目前,官方采用较多的出口信贷方式有两种:一种是为出口商

和放款机构提供担保或保险；另一种是以优惠利率向海外进口商放款。那么，究竟什么是出口信贷呢？

一般来说，当海外进口商被允许延期支付货款时，出口信贷问题就出现了。出口信贷可以分为买方信贷与卖方信贷。买方信贷是指出口国银行把资金贷款给进口方的进口商或银行，对进口商进行融资的一种贷款方法。如果出口地银行把资金直接贷款给进口商，称为企业买方信贷，这种买方信贷通常需要银行担保；如果出口地银行把资金直接贷款给进口地银行，然后由银行再把资金贷款给进口商，称为银行买方信贷。卖方信贷是指进口商延期支付货款，出口商为了取得资金周转，向出口方银行贷款的一种贷款形式，这种延期付款一般包括了资金的利息，有的要进口方银行的担保。无论是买方信贷还是卖方信贷可根据贷款期限的长短分为短期、中期和长期三类，其中，贷款期限在2年以下的是短期，2～5年的称为中期，5年以上的则为长期。

（二）美国为促进农产品出口提供的金融支持

美国为促进农产品出口提供了多种多样的信贷支持服务，主要包括：

（1）出口信贷保证计划和中间出口信贷保证计划。这两个计划都由美国商品信贷局负责管理，区别在于出口信贷保证计划是3年期以下的中短期计划，而中间出口信贷保证计划的期限最长可达10年。

出口信贷计划具有下列特征：一是这些计划并不直接为海外进口商提供资金支持，而只对进口商所欠货款和利息进行非全额的担保（担保额最多可以达到货款的98%），由于还款有了保证，贷款的风险大大降低，美国的金融机构就可以为进口商的银行提供贷款，并且利率也比较优惠，采用的是伦敦同业拆借利率；二是对提出申请的海外银行进行严格的信用鉴定以控制可能面临的担保风险，除非进口国经济发展潜力巨大且有政府出面向美国农业部作出还款承诺，在这种情况下，美国商品信贷局会适当降低门槛；三是进口的必须是100%的美国农产品，化肥、机械和农药等生产要素不受该规定的限制，并且出口商也必须通过商品信贷局的审查。

(2)由美国小企业局提供的国际贸易借贷计划。美国小企业局成立于1953年，是一个独立的政府机构，有着专门的国际贸易借贷计划，其支持的对象主要是那些不能从私人信贷机构获得贷款的小企业，当年收入在100万美元以下的农场主不能从农场主管理局获得需要的贷款时，才能取得小企业局的贷款。

(3)卖方信用担保计划。该计划由美国农业部海外农业局负责审查批准，由农产品信贷公司负责计划的具体实施。

该计划通过鼓励美国出口商为那些得不到商业性金融机构的海外进口商需要支付的货款提供担保，使美国出口商更容易出口美国农产品。该计划下，农产品信贷公司现行的担保比例是农产品出口金额的65%。

(4)设施担保计划。该计划于1997年12月开始实施，由美国农业部管理，是出口信贷保证计划和中期出口信贷保证计划的一部分，主要是为改善新兴市场农产品贮藏、加工、处理等农业设施的美国资本和服务的出口提供信贷担保。

该计划的总担保比例为95%，初期还款比例为15%，还款期限为1到10年，还款方式为半年归还一次本息(本金加利息)。

(5)由农产品信贷公司提供的贷款担保。农产品进出口商在农产品信贷公司提供担保的情况下，可以向一般的商业性金融机构申请贷款。农产品信贷公司通过承担某些同出口交易有关的风险，使农产品进出口商可以从商业性金融机构获得比普通贷款期限更长、利率更为优惠的贷款，从而改善农产品的销售条件，鼓励和促进农产品的出口。

该计划于 1979 年开始实施，贷款期限最长可达 36 个月，贷款利率一般比美国优惠利率高 0.5 ~ 1.5 个百分点。

第三章　加拿大农产品贸易与市场流通

第一节　加拿大农业发展概况

一、加拿大概况及农业发展简介

加拿大国土面积约9984670平方公里，仅次于俄罗斯。2002年，人口总数为3190.2万人，相当于我国湖北省人口的一半，人口密度每平方公里约3人，人口分布极不均匀，仅魁北克省和安大略省南部就集中了全国人口的2/5。2002年，加拿大人均国内生产总值由1993年的19970美元增加到29400美元，是西方七大工业化国家之一。20世纪80年代末至90年代初期，加拿大经济有过一段明显的衰退，后来有所回升，目前增长仍然比较缓慢，失业率也比较高。

农业一直是加拿大国民经济的重要组成部分，也是加拿大国际贸易的主要贡献者。加拿大以品质上乘的谷物、蔬菜、油菜籽、肉类及奶制品闻名于世。2002年，农业增加值在GDP(即国内生产总值，是一个国家或地区经济在核算期内所有常住单位生产的最终产品总量的度量)中的比例为2%，农业及食品业创造的产值占到了加拿大GNP(即国民生产总值，指一个国家或地区所有国民在一定时期内新生产的产品和服务价值的总和)的9%。2002年，农业为加拿大人提供了33万个就业机会，占全国总人口的

1.03%，还有150万加拿大人即占劳动力总数10.6%的人在食品及饮料加工、食品零售、食品服务及其他食品相关行业就业，农业及食品业成为全国第三大就业领域。

二、加拿大耕地情况

加拿大地域辽阔，国土面积大，但由于全国气候、地理和土壤等方面的差异较大，仅有6800万公顷即7%的国土适合于农业生产。加拿大的农场主要集中在南部地区，尤其是与美国毗邻的400多公里的狭长地带，类似于中国黑龙江省的北部。加拿大北部地区的商业性农场数量不多，但却拥有120万公顷可供开垦的耕地及辽阔的放牧地，有很大的发展潜力。根据各地区气候条件及土壤的不同，可以将加拿大分为中部、大西洋、太平洋和大草原四个主要的农业区域。

(一)中部地区

中部地区是加拿大人口最密集的工业区，农业主要集中在河流盆地，其最南端相当于我国的沈阳市，该区域集中了现代都市和大片耕地，是加拿大重要的畜牧业基地、主要的玉米和园艺产区。中部地区的南安大略省气候温暖、阳光和降水充足，为葡萄、樱桃、桃等水果的种植提供了良好的生长条件。此外，中部地区人口众多、工业发达，且拥有通往国际市场的优良航道，成为主要食品加工厂的聚集地。

(二)大西洋地区

大西洋地区各省的农业主要集中在沿岸地区，西部地区多山，以养牛业和饲料作物为主。大西洋地区生产的马铃薯是北美上乘的品种，农场主以种植水果、蔬菜等经济作物为主，同时养殖猪、肉牛和奶牛。该区域还拥有一些大中型的食品加工设施。

(三)太平洋地区

太平洋地区只有一个省,即不列颠哥伦比亚省,大部分是高山和森林,木材蓄积量占全国的2/5,耕地只占全省面积的2%,农场集中在温哥华岛上,是全国最大的苹果生产基地。气候多样性及土壤特征使太平洋地区在牲畜和作物生产方面存在较大差异。与大草原地区相似,东北部以生产粮食、油菜籽、块根作物和饲草为主;广阔的内部中心区河谷和草场以牧业生产为主;气候干热的南部谷地则以果园和葡萄园发展为主。此外,太平洋地区是加拿大主要的进出入港口,接近30%的外运载货量是以草原粮食和农业食品为主的农产品。

(四)大草原地区

加拿大最重要的农业区就是大草原地区,即阿尔伯塔、萨斯喀彻温和曼尼托巴三个省,该地区的面积占到了加拿大耕地面积的80%,土壤以肥沃的棕壤和黑土为主,保肥性状良好,是国家的粮仓。大草原地区的不利条件是冬季漫长严寒,夏季酷热光照足,雨水不够充足,但尽管如此,现代化耕作技术的运用还是将南部开垦成为了适合于生产的富饶的农田,每年生产超过5960万吨的大麦、小麦、燕麦、麻籽和油菜。此外,内部平原还有2000万公顷的牧场和草场可以用来饲养大量的猪和牛羊。

三、加拿大农产品生产情况

(一)粮食及油料作物

加拿大约有1050万公顷的耕地用于种植小麦,小麦生产量在2650万吨左右,其中1800万吨用作出口,约占小麦生产量的68%,是加拿大最重要的大田作物和大宗农业出口商品。大麦仅次于小麦,也是加拿大重要的粮食作物和主要的粗粮出口产品。大麦、燕麦和玉米主要是作为畜禽的饲料。

在油料作物中，加拿大科学家新开发出了一种低芥酸油菜。低芥酸油菜籽可以被用来榨取高质量的色拉油或烹调油，简称“人造黄油”,经过粉碎并榨油后形成的高蛋白菜籽粉可作为畜禽的混合饲料。近年来,加拿大的低芥酸油菜籽及其产品在国际市场上的知名度越来越高。

(二)畜牧业

加拿大的肉牛、奶牛和生猪的数量可观。近年来,人工授精和胚胎移植技术的发展使得肉牛遗传改良得以快速发展。加拿大的奶牛存栏数量为 120 万头，约 90%的奶牛是经过人工授精繁育的,成熟的黑白花奶牛产奶记录为年平均产奶量 8878 升,以产奶量高和寿命长著称。加拿大生猪存栏量超过了 1200 万头，其中 130 万头为种猪,加拿大的生猪以质优、肉瘦和体健著称。加拿大的禽业遍布全国,与人口的密度成正比,受气候影响,家禽养殖基本全部利用室内设施进行,高效的机械化系统可以使一个养殖单位生产鸡蛋 100 万打，每个经营者每年养殖 35 万只肉鸡可提供鸡肉 640 吨。

四、加拿大农业发展的特点

(一)农业劳动生产率高

加拿大的农业发达、农业劳动生产率居世界前列,是世界第 7 大粮食生产国。在农业生产总值中,种植业产值和畜牧业产值分别占 62%和 38%。20 世纪 90 年代初期,加拿大每个农业劳动力可以创造 4.3 万美元的生产值,平均来看,一个加拿大的农业劳动力能够生产出 134 吨粮食、2.4 吨牛肉、3 吨猪肉和 13 吨牛奶。2002 年,加拿大农业劳动力只有 33 万人,占全国劳动力总数的 2.14%,粮食产量达到 3487 万吨。

(二)农业与食品工业结合

世界银行的资料显示,第一、二、三产业在加拿大国民经济中所占的份额分别为4%、40%和56%。农业自身在国民经济中的地位较低,但农业加上食品工业创造的产值在加拿大国民经济中的地位却有了明显提高。1993年,农业及食品工业销售额达到600亿加元,占到了加拿大国内生产总值的9.8%。2000年,农业及食品工业销售额进一步增加到了825亿元。不仅如此,2003年,农业及食品工业还为加拿大贡献了50.5亿加元的国际贸易盈余,在出口中也居于十分重要的地位。

(三)农产品产地集中,生产高度专业化

谷物生产主要在大草原三省,仅萨斯喀彻温一个省生产的小麦就占到了加拿大小麦生产总量的3/5。玉米生产主要集中在安大略省,其产量占全国玉米总产量的3/4左右。大麦生产主要在阿尔伯塔省,其大麦产量约占全国大麦产量的一半。

(四)以大型家庭农场为主,农业机械化程度高

2000年,以家庭农场为主的加拿大的农场总数达到24.6万个,家庭农场的平均规模约为300公顷,100公顷以下的小型农场和500公顷以上的大型农场分别占到了农场总数的45%和10%。此外,加拿大农业生产的机械化程度高,各种大型和高功率农机具的综合配套运用一次就可以完成许多田间作业,极大地降低了人力和物力成本。就加拿大全国平均而言,每个农业劳动力大致要借助两台拖拉机耕作120公顷的耕地。

(五)受天气影响,农作物单产低而不稳

资料显示,加拿大谷物单产不稳,波动系数较高,大约为中国的3倍。此外,由于谷物市场需求不足,加拿大的大田作物生产采取了粗放耕作方式,灌溉面积只占2%,每公顷耕地的施肥量大致在50公斤左右,大大低于其他发达国家,这样做不但可以减少投入降低成本,还可

以有效缓解农产品过剩带来的压力。

第二节 加拿大农产品贸易与市场流通发展历程及现状

1999年,加拿大的农产品出口总值超过217亿加元,占世界农产品贸易总值的3.51%。2002年,加拿大农业与食品出口总值达到257.5亿加元,较2001年降低3.38%,进口总值达到206.9亿加元,较2001年增加7.53%。2002年,加拿大的贸易逆差为50.5亿加元,比2001年减少31.74%。作为世界主要农产品生产者之一,加拿大以其品质上乘的谷物、蔬菜、油菜籽、肉类及奶制品闻名于世。

一、加拿大农产品主要出口市场

2002年，加拿大出口到美国的农产品总值达到174.47亿加元,较2001年增加5.2%,是加拿大农产品最大的出口市场;日本是加拿大农产品出口的第二大市场,与2001年相比,2002年,加拿大出口到日本的农产品总值基本没有发生变化,为23.55亿加元,仅增加了0.1%;欧盟仅次于日本排在第三位,2002年,加拿大出口到欧盟的农产品总值由2001年的13.48亿加元减少至11.77加元,下降了12.7个百分点。在美国、日本、欧盟、墨西哥、中国、韩国、中国香港、中国台湾、巴西等加拿大农产品主要的出口国家和地区中,加拿大出口到中国台湾地区的农产品总值增长最快,2002年较2001年增加了28.5个百分点,达到1.78亿加元;相反,加拿大向中国内地出口的农产品总值呈现出快速下降的趋势,仅2002年就比2001年减少了67.4%,比向韩国多出口了0.31亿加元,而2001年加拿大向中国出口的农产品总值比韩国多出了5.75亿加元(具体见表3-1)。

表 3–1　加拿大农产品主要出口市场　　　单位：百万加元

	2001 年	2002 年	2001 年同 2002 年相比
美国	16591	17447	5.2%
日本	2354	2355	0.1%
欧盟	1348	1177	–12.7%
墨西哥	949	768	–19.0%
中国	841	275	–67.4%
韩国	266	244	–8.0%
中国香港	243	183	–25.0%
中国台湾	138	178	28.5%
巴西	55	59	7.1%

二、加拿大主要农产品贸易状况

小麦是加拿大最主要的出口农产品，2002 年小麦出口总值为 20.56 亿加元，较 2001 年减少了 31.1%；肉牛仅次于小麦，是加拿大的第二大出口品种，2002 年肉牛出口总值较 2001 年增加了 10.1 个百分点，达到 1813 亿加元。2002 年，饼干出口值由 2001 年的 4.98 亿加元增至 6.07 亿加元，增加了 21.9 个百分点，是加拿大主要出口农产品中增长最快的品种，同期，油菜籽的出口则呈快

表 3–2　2002 年加拿大主要农产品出口统计　　单位：百万加元

	2001 年	2002 年	2002 年同 2001 年相比
小麦（非硬粒小麦）	2985	2056	–31.1%
肉牛	1646	1813	10.1%
脱骨鲜牛肉	1459	1507	3.3%
硬粒小麦	897	1025	14.3%
油菜籽	1278	973	–23.9%
鲜猪肉	827	806	–2.5%
冻炸肉	712	712	0.1%
冻猪肉	634	676	6.6%
饼干	498	607	21.9%

表 3-3 1996～2000 年加拿大主要农产品进出口数量及金额

产量＼年份	1996	1997	1998	1999	2000
小麦+面粉 小麦等量进口数量(吨)	110495	102127	135480	77200	81573
小麦+面粉 小麦等量进口金额(1000美元)	23184	18641	16676	11813	12917
小麦+面粉 小麦等量出口数量(吨)	16736785	19054864	17917755	16385536	19008256
小麦+面粉 小麦等量出口金额(1000美元)	3459902	3208163	2848951	2339096	2544544
大豆进口数量(吨)	94486	272575	103953	420615	391595
大豆进口金额(1000美元)	24780	76160	24545	75782	73840
大豆出口数量(吨)	476053	500000	908067	876465	770555
大豆出口金额(1000美元)	146523	151474	231306	183659	179278
大麦进口数量(吨)	9986	22403	13089	42316	35598
大麦进口金额(1000美元)	1341	2781	5038	3639	3520
大麦出口数量(吨)	3346943	2536141	1472899	1355070	1842673
燕麦进口数量(吨)	8730	4776	4346	3633	4423
燕麦进口金额(1000美元)	1011	449	367	285	359
燕麦出口数量(吨)	1331464	1586230	1138847	1174861	1510347
燕麦出口金额(1000美元)	197716	217068	125584	115011	143822
大麦出口金额(1000美元)	566751	370075	199714	172859	244317
大米进口数量(吨)	234951	272672	258675	262349	262565
大米进口金额(1000美元)	107763	124362	119339	114385	112558
大米出口数量(吨)	1143	1577	1710	1477	1675
大米出口金额(1000美元)	1617	1890	1882	1702	1637
油菜籽进口数量(吨)	114961	127856	134384	152722	167069
油菜籽进口金额(1000美元)	34919	34962	37400	36041	41467

续表

年份 产量	1996	1997	1998	1999	2000
油菜籽出口数量(吨)	2416103	2837272	4114571	3785624	3873411
油菜籽出口金额(1000 美元)	759312	891990	1157258	898344	774490
玉米进口数量(吨)	869066	1000280	1215889	989516	1530339
玉米进口金额(1000 美元)	153427	147707	157795	117854	170317
玉米出口数量(吨)	512700	263205	258705	889443	273850
玉米出口金额(1000 美元)	102234	49364	43419	95823	38220
牛肉和小牛肉进口金额(1000 美元)	22011	24754	21769	20140	22534
牛肉和小牛肉出口数量(吨)	143628	131202	114850	99880	106362
牛肉和小牛肉出口金额(1000 美元)	275368	285484	254365	251985	282405
牛肉和小牛肉进口数量(吨)	6047	6428	6014	5453	6077
羊肉和小羊肉进口数量(吨)	10442	11507	13084	13864	15393
羊肉和小羊肉进口金额(1000 美元)	31280	39539	35909	40090	45679
羊肉和小羊肉出口数量(吨)	176	344	351	437	381
羊肉和小羊肉出口金额(1000 美元)	835	1133	1391	2053	1391
猪肉进口数量(吨)	27048	38386	41059	38795	39592
猪肉进口金额(1000 美元)	59796	92069	87714	83779	93504
猪肉出口数量(吨)	244979	277110	289700	370550	440903
猪肉出口金额(1000 美元)	629992	734423	551463	671556	932756
禽肉进口数量(吨)	74522	88899	110721	110394	127769
禽肉进口金额(1000 美元)	160864	193084	219984	204959	221100
禽肉出口数量(吨)	52792	63886	75481	70285	84324
禽肉出口金额(1000 美元)	49643	61116	69378	63227	79515

速下降趋势，由 12.78 亿加元减少到 9.73 亿加元，下降了 23.9 个百分点（表 3–2）。

下面我们分产业具体看一下加拿大主要农产品的贸易状况（表 3–3）。

（一）种植业

加拿大是世界上最大的粮食出口国之一，也是世界上仅次于美国的第二大粮食援助提供国。加拿大的粮食主产区是大草原三省，这几个省农田面积占全国的 3/4，小麦产量占全国的95%，大麦产量占全国的 90%，是国家的粮仓，加拿大出口的小麦和大麦几乎全部产自大草原三省。2001 年，加拿大油菜籽和芥菜籽的出口量为 412 万吨，谷物出口量达到 2152 万吨，总值将近31.1 亿美元。水果蔬菜类的出口值从 1992 年的 6 亿美元增加到 1993 年的 7 亿美元，2001 年增加到 20.3 亿美元。冷冻马铃薯、鲜马铃薯、冷藏水果、鲜苹果和种用马铃薯是加拿大最大的五项加工产品，2001 年，仅马铃薯一项的出口总值就达到 0.79 亿美元。

（二）畜牧业

加拿大的中部地区是全国畜牧业最发达的地区，加拿大畜牧业依靠其高效的管理制度、廉价的饲料、新的冷藏技术、严格的检验制度和优良的种畜，在国际市场上具有较强的竞争力。肉牛在加拿大畜禽生产中占有十分重要的地位，肉牛产值约占其畜禽生产总值的一半，加拿大禽肉出口总值年均维持在 20 亿加元，其中，牛肉出口占比超过了 1/3。加拿大是世界上第二大猪肉出口国，占世界市场份额的 16%，仅次于欧盟的 26%。德国、意大利、英国和法国是加拿大猪肉出口的主要市场，近年来，加拿大有向俄罗斯、古巴和波兰等国扩大猪肉出口的趋势。美国、法国和古巴则是加拿大羊肉出口的主要市场。2001 年，加拿大鸡蛋出口 1695 万美元，主要市场为美国、日本和欧盟。

(三)渔业

加拿大现有50多万平方公里的渔场,水产产值为29亿加元,其中90%用以出口,出口值为25.7亿加元,约有10万多人从事渔业生产,2.6万人从事渔业加工。美国是加拿大水产品的主要出口市场,日本和欧盟次之,这三大市场占到了加拿大水产品出口总额的90%左右。如果按价值进行估算,加拿大已经成为世界上第五大水产品出口国。加拿大每年的商业性渔获量在150万吨左右。1999年,加拿大的渔获量达到113.6万吨,以扇贝、龙虾、红鲑鱼、鳕鱼、虾和鲱鱼为主,出口值为8.16亿美元。太平洋海域主要产大马哈鱼和鲱鱼,捕获量接近28万吨,主要出口英国和其他欧洲国家以及澳大利亚、日本、新西兰、美国。东海岸以底栖类和甲壳类为主,淡水渔业主要集中在五大湖地区,美国、日本和欧洲是其主要的出口市场。

第三节　加拿大的粮食流通体系

加拿大富产粮食,以小麦生产为主,小麦产量约为粮食总产量的一半,大麦、大豆和双低油菜籽等也是加拿大重要的粮食品种。加拿大粮食产量远大于国内消费量,一般情况下,40%的粮食用于国内消费,60%的粮食用于出口到世界70多个国家和地区。

一、健全的粮食流通管理机构

粮食流通管理机构按照《加拿大谷物法》规定的职责,既有明确分工又密切配合,共同管理粮食流通,形成了高效健全的粮食流通体系,确保了粮食从生产到流通各环节的质量和效益,有效地稳定了谷物生产,保护了农民的利益。

(一)加拿大联邦政府农业部

农业部是加拿大政府主管农业、粮食和食品的机构,其主要职责是制订和执行有关农业及食品的政策、法规和计划以及国际贸易规则,负责处理贸易和其他农业政策问题。农业部下设科学研究局、粮食生产与检验局、销售与经济局、农场收入服务局和地区开发与国际事物局等五个局。其中,销售与经济局的主要职责是改善农产品销售系统,增加农产品出口,促进本国农产品的国内利用,保障长期供应等;农场收入服务局的主要职责在于制订和执行相关法规、政策和计划,以保障农场主有稳定收入,不受市场价格波动的影响。

(二)加拿大谷物委员会

谷物委员会是加拿大联邦政府农业部的直属机构,总部设在温尼泊市,在温哥华、日本东京及中国北京设有三个分部,在加拿大 18 个谷物中心地区均设有办事处。谷物委员会主要负责谷物质量标准、检验和计量方法的制订与实施,谷物品质的研究和新品种的推广,是出口粮食质量的最终权威性检验部门。

(三)加拿大小麦局

加拿大小麦局是一个代表农民、由政府支持的垄断性半官方购销组织,自身不拥有粮库,主要职责是经营和销售本国生产的小麦和大麦,宗旨在于提高农民的销售收入,经费全部来自谷物生产者按销售量上交的提成。加拿大小麦局是该国唯一的小麦和大麦出口代理商,在粮食流通中的货运量超过 60%,并负责统一收购指定区域内的小麦和大麦,除饲料粮外,统一对外销售,并将销售利润均等返还给农民,有利于降低农民的风险,做到利益均等,确保生产和流通的有序进行。加拿大小麦局还不断向农户提供市场信息,以引导农户调整生产结构,提供满足市场需要的谷物,该局出版的《谷物事物》还定期向农户宣布市场信息和谷物政策。

(四)加拿大谷物运输局

谷物运输局成立于1979年,总部设在温尼伯市,隶属于加拿大运输部。其主要职责在于提高谷物装卸运输系统的效率和能力,提供和交流信息,制定国家谷物运输的长远规划和具体的实施计划。

二、完善的粮食流通体系

(一)政府对粮食流通的财政支持

加拿大政府及各省政府主要以提供技术、信息和资金等方式,并通过农业部等部门对谷物业的发展进行扶持,而非对谷物业进行直接管理。例如,对生产者提供保护性资助,对亚麻籽和油菜籽等出口提供财政支持,对外国政府购买者提供信用资助等。1999年,在谷物生产者每生产的1吨谷物中就有政府提供的14加元的补贴。加拿大政府每年约为农业提供6亿加元的财政支持,近年来,受WTO规则限制(案例3-1),为避免不必要的贸易争端,加拿大政府对粮食的补贴也在逐渐减少,最终将会全部取消,使加拿大农业生产者更加直接依赖市场回报。

案例3-1

WTO裁决美国—加拿大奶制品贸易争端

华盛顿5月9日消息,美国商务代表办公室和美国农业部当天宣布,美国与加拿大之间关于加拿大奶制品补贴项目的争端有了结果,世界贸易组织裁定加拿大正在继续对其奶业进行补贴,美国获胜。目前,加拿大已经同意停止补贴,今后加拿大将不能向美国出口含有补贴的奶制品,加拿大向其他国家出口含有补贴的奶制品的行为将受到显著限制。

“这对于美国奶农和奶制品加工商来说是一个重要消息。市场将变得更加公平。加拿大同意执行世贸组织裁定，并且将中止向美国出口含有补贴的奶制品。”美国商务代表佐立克先生表示：“我对加拿大就世贸组织裁决所作出的快速反应表示欢迎，并且相信加拿大会遵守其在奶制品出口方面对世贸组织的承诺。”

美国农业部长温尼曼表示，加拿大的奶业补贴给美国的生产者造成了损害，这一结果将使美国的生产者在市场上更有竞争力。

几年前，美国向世贸组织提出申诉，认为加拿大通过其奶类项目对奶制品加工商和奶农提供的出口补贴超出了加拿大向世贸组织承诺的水平。2002 年 12 月，世贸组织作出了有利于美国的裁决，确认加拿大通过其商业出口奶（CEM）项目向加拿大奶制品加工商低价销售奶，加拿大正在继续提供非法的出口补贴。由于新西兰与美国一起就加拿大的奶制品政策向世贸组织提起了诉讼，故该裁决也适用于新西兰。

美国—加拿大奶制品贸易争端解决方案的主要内容包括：

(1) 2003 年 4 月 30 日前，加拿大各省取消 CEM 项目，因为世贸组织裁定该项目提供了出口补贴。加拿大联邦政府对与 CEM 项目相关的法规进行相应的修订。

(2) 从 2002 年 12 月 31 日起，加拿大禁止在 CEM 项目下签署任何新的合同，从而在截止至 2003 年 7 月 31 日的市场年内，限制受到补贴的奶制品的出口数量。

(3) 从 2003 年 5 月 1 日起，CEM 奶停止交货，同时不再向美国出口任何含有补贴的奶和奶油产品。

(4) 在本市场年剩余的时间内，加拿大不再对其 5(d)级特殊奶发放奶制品出口许可证。

(5) 本市场年内，加拿大必须确保含有补贴的黄油和脱脂奶粉的出口数量不超过世贸组织允许的水平。

(6) 本市场年内，加拿大应继续履行其向 WTO 作出的关于奶酪和其他奶制品出口补贴的承诺。但是，由于 CEM 项目被终止，从 2003 年 8 月 1 日起，加拿大不再向美国出口含有补贴的奶制品，而进入其他国家的含有补贴的奶制品数量必须在 WTO 允许的范围之内。

背景：

作为“乌拉圭回合”应尽义务的一部分，加拿大同意对其奶制品出口进行有限的出口补贴。1995 年，加拿大建立了新的出口补贴体系，以替代原有的出口补贴办法。原办法通过向奶农征收税收，补贴所有的出口奶制品。新的出口补贴体系则使得加拿大的加工商可以购买低价牛奶并用于加工奶酪和其他奶制品，然后出口。加拿大声称这个新的体系不再是一项出口补贴政策。

1997 年，美国全国牛奶生产者联盟、美国奶制品出口委员会和国际奶制品协会要求美国商务代表就加拿大奶制品贸易做法与加拿大在 WTO 出口补贴方面应承担的义务不一致提出异议。双边磋商未果，美国于 1998 年 2 月向世贸组织争端解决专家组提出申诉。新西兰也加入其中。

1999 年，WTO 专家组和上诉机构发现，加拿大特别牛奶的等级体系为出口提供低价牛奶，是一种出口补贴。WTO 专家组和上诉机构还发现，加拿大违反了其在 WTO 农业协议中关于出口补贴的承诺，出口了过多数量的含有补贴的奶制品。

作为对专家组和上诉机构的反应，加拿大对“商业出口奶”项目作了介绍。美国和新西兰指责加拿大的“商业出口奶”项目所提供的出口补贴与其 WTO 义务不相符。2001 年 1 月，美国和新西兰要求 WTO 争端解决专家组就加拿大的新体系进行评估。2001年7月专家组认为，加拿大的“商业出口奶”项目以向奶制品加工商提供低价牛奶的形式提供了出口补贴。

加拿大就专家组的结论提出申诉。2001年12月，上诉机构认为，由于没有足够的信息而不能做出决定。因此，美国和新西兰要求另一个WTO专家小组审核上诉机构所需的补充信息。2002年7月，该专家组得出结论，认为加拿大正在继续通过CEM项目，以向其奶制品加工商提供低价奶的形式提供了出口补贴。2002年12月，上诉机构肯定了专家组的意见。2003年1月，WTO争端解决机构采纳了专家组和上诉机构的报告。

(二)粮食流通中的三级操作主体

农村粮食收购站、粮食中转站和粮食终端站是加拿大粮食流通中的三级操作主体，均为私人所有，自由经营、自负盈亏。

农村粮食收购站主要负责接收农民交送的谷物，对谷物进行分级，支付粮款，暂时储存粮食。加拿大西部有1041个农村粮食收购站，分布在733个不同的火车站和乡镇周边，隶属于7家谷物公司。每个粮食收购站都备有粮仓——产地仓，仓容一般在6000吨左右，大的产地仓的仓容可以达到2.5万吨。

粮食中转站对谷物及其他农产品管理严格，但并不具体规定粮食产品的交易价格，而是由买卖双方自主协商确定成交价格，交易达成后，约有80%的交易额以转账方式付款，现金交易的比重仅有20%。粮食中转站备有集装箱卡车，冷藏车和一般卡车，主要分布在五大湖和圣劳伦斯水域，加拿大共有14个粮食中转站，储存能力在240万吨左右。

粮食终端站主要负责谷物的接收、清理、称重、加工和储藏，以使谷物达到国内外市场的装船标准。粮食终端站拥有先进的粮仓设备、储存能力在250万吨左右。

(三)严格的粮食市场准入管理

根据《加拿大谷物法》,申请人经营粮食必须具备以下条件:其一,打算使用的房院应适合储藏和装卸谷物,粮仓的类型、状况、配套设施应符合相关规定;其二,申请者能够提供基本的技术服务;其三,申请人必须具备一定的财力,并要以保证书、保险或其他方式提供足够的担保;其四,粮仓储存的谷物必须全额保险。可见,加拿大对谷物公司经营谷物的粮库有着严格的审批条件。

(四)完备的粮食储藏设施

加拿大的粮食仓储类型可以分为产地仓和收纳库、中转库和港口库、终点库(终端库)、加工厂原料库。其中,产地仓是农场主为刚收获的粮食进行临时储存而建的,加拿大目前约有11万个产地仓,总仓容达4500万吨,单仓仓容大多在200~300吨,并配有清理、干燥、通风等配套设施;收纳库主要负责粮食的接收、分级、定等、称重、清理、储存等,加拿大目前有300个收纳库,部分单仓仓容可达3000~5000吨;中转库和港口库大都属于粮食经营公司和小麦局,主要负责粮食的中转和出口,有地磅、检样、烘干、发放等配套设施,加拿大目前有30多个中转库和港口库,总仓容在2000万吨,单仓仓容在3000~5000吨,最大可达12000吨,一座年发放40~50万吨,仓容为12万吨中转库,占地仅2万平方米,中转库的高度集约化极大地节省了日常运营动力的消耗;终点库(终端库)主要用于接收中转库运来的粮食,并进行粮食出口前的清理、称重、检验、害虫等有害生物处理、检疫等,终点库的粮食周转快,年均周转8次,每次约15天,加拿大终点库的总仓容在320万吨以上。

(五)科学合理的粮食运输体系

加拿大的铁路总长度约为10万公里,铁路人均长度相当于美国的两倍,内河航运发达,可航距离在3200公里以上,公路四通八达,交通运输相当便利。加拿大粮食流通以散装运输为主,除部分成品粮外,原粮基本上都采取了散装运输。国内运输以散装火车专用车厢、集装箱、散粮运输汽车为主,出口粮则主要采用散粮专用船运输和集装箱远洋运输,形成了合理的粮食流通和运输体系。

加拿大出口粮食先从产地仓运到四个主要出口港口的终点库,主要由加拿大国家铁路公司和太平洋铁路公司负责运输,两家铁路公司分别承担了出口谷物运输量50%的任务,并且在运费和服务方面相互竞争,政府不予干预,只制订最高的运费限价,并且每年给铁路公司提供大约5.6亿加元的补贴。出口粮食到达出口港口的终点库后,再由远洋轮运输到世界各地,散粮专用船在远洋运输中居于十分重要的地位,远洋轮的年运量在60万吨以上,近年来每船装运核准集装箱量逐年增加,2000年达到6000个,极大地降低了单位粮食运量的成本。

三、高效的粮食销售体系

(一)加拿大粮食销售体系的特点

加拿大的粮食销售体系具有以下特点:其一,加拿大小麦局及其委任的出口商是西部小麦及大麦出口的唯一销售代理商;其二,加拿大政府为小麦局能够获得低利息贷款提供了保障,加拿大政府为确保加拿大小麦局的销售信誉,使得农户在任何情况下都能得到付款,不承担风险,加拿大政府始终保证向加拿大小麦局提供较其他公司利息低得多的借贷,成为小麦局的重要经济支柱;其三,加拿大小麦局销售以联营为主,目的是为了使农户收入不受谷物交售时间的影响,加拿大全国有小麦联营、饲料大麦联营、杜伦小麦联营和专用大麦联营四个联营系统,当联营收入超过初始收入时,农户将得到最终收入,否则将由政府来补足差额;其四,加拿大小麦局是加拿大最大的出口体系,也是世界上最大的谷物销售组织,其销售的谷物没有限额,除了销售粮食外,小麦局还资助粮食产品的市场开发、谷物运输以及售后服务等。

(二)加拿大粮食销售中的市场分析

加拿大小麦局总部大约有160台计算机,在不停地进行销售分析、市场研究、气象观察等工作,目的为了能够在与美国、阿根廷、澳大利亚、欧盟等小麦出口国家和地区的竞争中,得到更多的销售合同。加拿大小麦局对市场的分析可以分为综合市场分析和专项市场分析,前者重点监测国际谷物市场影响期货价格和现货价格的因素,以便及时调整国内市场价格政策;后者重点监测和分析某个客户及世界各地竞争国和地区的状况以便及时调整营销策略,加强售后服务工作。

第四节　中介组织在农产品贸易与市场流通中的促进作用

加拿大有“世界粮仓”之称,加拿大发达的现代化农业与其发达的农民合作组织分密不可分,农民合作社在加拿大社会经济发展中起着十分重要的作用。

一、农民合作社形式多样

加拿大农民合作社形式多样,主要有以下几类:

一是农业合作社。农业合作社是加拿大经营最为成功的合作社之一,尤其是在加拿大中西部农业区,也是加拿大势力较强的合作社。目前,加拿大共有160家农业销售合作社和241家农业供应合作社。

二是消费合作社。加拿大现有608家消费合作社，主要为社员提供消费品批发和零售服务。西部3省的342个消费合作社联合组织成立的消费合作社联合公司，是当地最大的消费品供应商，其中卡尔加里市消费合作社已发展成为北美地区最大的消费合作社。

三是金融类合作社。金融类合作社是加拿大规模最大、社员人数最多，实力最强的合作社。主要包括信贷协会、保险合作社、信托合作社等。

四是生产合作社。生产合作社的规模相对较小，实力较弱，主要包括农业生产合作社和农业机械合作社，加拿大共有农业生产合作社283家，社员1.7万。

五是服务类型合作社。住房、托幼、娱乐、保健、救护等服务类型合作社均为非盈利性的合作社。

六是新一代合作社。为适应市场发展的需要，新一代合作社于20世纪90年代初期应运而生，成为加拿大合作社发展的热点。新一代合作社是指以一个加工企业为核心，联合周围生产同一种产品的农户组成合作社，其不再局限于发挥简单的产品交易功能，更加重视为收购的农产品提供加工增值服务，采取了社员和合作社“利益共享、风险共担”的运作机制。

二、农产品行业协会

加拿大农业专业合作组织十分健全，各类农产品都成立了相应的行业协会。行业协会是在政府指导下自发组成的民间社团组织，为会员提供农产品市场供求、育种及栽培技术等信息和技术服务，自筹资金。

加拿大黑白花奶牛协会，通过建立全国奶牛标识系统，记录每头牛从出生到屠宰的整个过程，帮助农场选用优良种牛，掌握肉牛产品质量，改良肉牛品种，提高牛肉质量。不仅如此，奶牛协会还对每头牛的信息进行整理和评价，并存入全国查询系统，方便养牛户和销售商获取所需信息。奶牛协会通过为会员提供上述服务，确保了畜禽品种的优良，品质的安全，提高了奶牛的市场竞争力。

安大略省农业联合会，该联合会有12000个会员，每个会员每年需缴纳150加元会费，70%的会费用于联合会的运转和人员开支，30%的会费加上来自政府的经费用于农民。联合会主要为农民提供免费技术咨询服务和产品市场服务，从农民利益出发，最大限度地维护农民的利益。此外，联合会还与当地大学、科研机构合作承担一些农民急需解决的科研项目。

加拿大谷物协会，成立于1969年，总部设在温尼泊市，由农场主、种子种植者、出口商、饲料厂主、研究人员以及与谷物有关的公司和农业机构组成，是一家由加拿大政府和所属会员资助的非盈利性机构，是联系加拿大政府有关部门和谷物行业各种非政府团体的组织。谷物协会的最高决策层是董事会，由13人组成，秘书长负责日常工作。谷物协会为谷物行业的各界人士提供了讨论问题和交流信息的场地，目的是为了扩大加拿大谷物出口市场、传递国内外谷物信息等。

加拿大油菜籽协会，成立于1971年，总部设在温尼泊市，是代表加拿大整个油菜籽行业利益的非盈利性机构，基本任务是提出油菜籽行业的协调发展规划、促进市场开发和科学研究、收集和传递行业信息以及和其他有关机构保持联系，主要负责油菜籽种植、加工、储运、销售、政府机构和科研单位等部门的协调工作，以促进油菜籽行业的协调发展。

第五节 政府在农产品贸易与市场流通中的政策扶持

面对加拿大农产品国内供给过剩问题,寻求扩大农产品出口的措施,便成为加拿大联邦政府及省政府的一贯做法。

一、制定农业和食品国家营销计划

加拿大农业和食品国际计划是加拿大国际战略的一个核心因素,其宗旨是在对国际市场进行细分的基础上,通过提供高品质农产品、食品、饮料和海产品及服务,树立全球领先者地位。该计划包括长期国际战略计划和短期计划两部分内容,长期国际战略计划是为了获得国际认可或者为长期稳定的出口提供便利机会,一般应在每年的1月份提出申请,且一年只能申请一次,该计划的实施需要3~5年时间;短期计划往往与新市场的限制或者增加贸易机会有关,是典型的一次性活动,可以在每年的2月、6月和9月提出三次申请。

加拿大农业和食品国际计划主要致力于支持那些能够成功地树立品牌的活动,包括品牌和市场发展基金、贸易拥护和技术营销支持基金三项支持内容:其一,品牌和市场发展基金主要是为了支持加拿大农产品出口企业在国际市场上树立自己的品牌,资助那些促使加拿大农产品及食品质量得到世界消费者认可的活动;其二,贸易拥护主要通过与国外类似的产业群体及政府共同工作,以推动主要国家贸易自由化的发展;其三,技术营销支持基金将支持那些能够向国际消费者证明加拿大是在非常环保的情况下生产安全、高质量食品的活动,其中,培训计划旨在向消费者证明加拿大食品的优越性,促使加拿大的农产品和食品得到优先使用,技术服务旨在通过提供特别的技术信息和专业的技术人员帮助加拿大消费者,利用本国的农业和食品产品来生产其他的产品。

二、扩大农产品出口的促销服务体系

为促进加拿大农产品贸易和农产品出口,加拿大联邦农业和农业食品部设立了市场和产业服务局,负责农产品贸易服务,收集有关农产品出口贸易信息,为农业出口企业提供信息与咨询服务,帮助农产品出口企业联络海外客户,或帮助海外进口商寻找国内出口商,通过行业协会组织出口企业参加国际贸易展览等,在其驻外使馆商务处派驻农产品出口贸易专家,帮助国内农业出口企业解决贸易纠纷。

农业产业服务理事会分管奶制品部门、园艺部门、家禽、红肉、特定农作物部门的信息发布工作,为农产品生产者及出口者提供查询服务。

农业食品贸易服务处旨在为农产品出口者提供简洁而集中的进入国际市场的信息、国际贸易咨询和出口支持活动,把出口者从国内市场推向国外市场。

农业、食品和饮料部门国际贸易咨询团是一个私人部门咨询委员会,代表来自大宗商品和增值产品部门的群体,任务是确保农业和农产食品部长和国际贸易部长,在对双边或多边国际贸易政策及经营发展问题进行商议时,能够从私人部门的观点中获得利益,委员会和政府之间的信息传递是双向的和机密的。

国际贸易政策委员会主要为农产品出口企业提供国际农业贸易政策、农业贸易谈判、部分贸易协议、技术性贸易问题、咨询服务等。

此外,加拿大农业和农产食品部还与外交和国际贸易部积极合作,发展和确保农业和农产食品在国际市场领域的市场准入水平，寻找主要国家政策的变化，应对变化多端的国际农业谈判，处理贸易争端，以促进和保护加拿大农场主和农产食品加工者的利益。

三、以法律法规形式保护和增强农产品竞争力

加拿大农产品之所以在国际市场上具有较强的竞争力，离不开国家对农业的保护，但是这种保护主要不是靠关税或补贴，而是通过相关的法律和法规来实施的。1912 年，《谷物收购和质量检验法》出台，从法律上规定出口小麦的蛋白质含量必须达到 13.6%，为保证和提高其小麦品质做出了贡献。1935 年，政府制订了《草原农场复兴法》，对大草原地区的土壤进行了改良，兴修了水利设施，提供了技术援助，增强了大草原各省作为国家粮仓的地位。

四、提供相关的农业经营咨询服务

1998 年，加拿大农业咨询服务开始实施，它通过直接的、一对一的财务管理咨询服务为农场主提供机密的财务管理咨询，帮助那些遇到财务问题的加拿大农场主，农场主只需支付较少的费用，就可以得到了解农业和农场经营资深顾问的帮助，并通过共同工作的方式预防经营农场中遇到的一些严重的财务问题。目前，新的加拿大农业经营咨询服务代替了这些传统的农业咨询服务。农场经营咨询服务已成为加拿大提供服务计划的基石，该服务的实施确保农场经营者每年至少可以获得 10000 美元的总销售额。该项服务主要包括进入计划、农场经营评估和行动计划、跟踪服务、特定经营计划服务、增值企业的计划和评估等五个部分的内容。

(一)进入计划

由于每个生产者的需求千差万别,为了搞清楚每个生产者的需求,有针对性地确定农场经营咨询服务内容,使生产者获得最大的利益,该计划的实施官员一般要和生产者之间进行多次讨论,这种讨论一般在提供各种不同的服务之前进行。

(二)农场经营评估和行动计划

农场经营评估主要是通过对过去农场会计信息的分析和审计,使生产者获得前三年的资产负债状况、农场经营比率分析、收入和支出状况等信息。在农场经营评估之后,生产者将进入行动计划的咨询服务程序,这一服务帮助农场主评估其增加农场收益率的可选择的项目,在生产者做出选择后,制定具体计划帮助生产者实施被选择的项目。一般来说,农场经营咨询服务的这一阶段将提供给合理的生产者相当于五天的咨询服务,其中,农场经营评估服务需要三天的时间,行动计划则需要占用两天的时间。

(三)跟踪服务

在农场经营评估和行动计划服务后,资深顾问将要对生产者的经营进行跟踪,并与生产者共同讨论如何进一步改进相关计划,如有必要,还将提供进一步的建议。跟踪服务是免费的。

(四)特定经营计划服务

特定经营计划服务将给生产者准备其经营所需要的特定计划,比如多样化、人力资源管理、扩展、营销、风险管理和成功计划等,提供帮助。不仅如此,为帮助生产者发展这些类型的计划,资深顾问还将结合生产者的需要,与生产者在某一特定的领域共同开展工作。

(五)增值企业的计划和评估

该服务主要面向那些考虑建立或者扩展其增值企业的生产者,将给特殊企业提供保留经营计划专业人员的服务以进行可行性评估,并且为特殊的企业提供全面经营计划的帮助。

第六节 金融在农产品贸易与市场流通中的促进作用

加拿大为支持农产品生产者改善生产条件，提高产品质量，增强农产品竞争力,提供了大量的资金支持,还采取多种形式帮助农产品出口企业开拓海外市场,寻找海外客户,如,资助行业协会主办或参加国际农业贸易展、商贸洽谈会、贸易使团出访等。加拿大农业与农产食品部每年都要向符合条件的企业提供3200万美元的资金支持其参加海外农产品展览,还向设在各地的农业贸促机构配备专门的促销专家,与农业出口企业或省级机构开展合作,共同促进农产品出口贸易,活动经费每年约在200万美元左右。不仅如此,加拿大还通过政府开办的商业银行、农业金融服务公司、农业与食品部等为农产品出口贸易提供信贷担保和买方信贷等金融服务。

一、农场改革和营销合作者贷款法案

为提高贷款的有效性,农场改革和营销合作者贷款法案由加拿大联邦政府签订,该法案下,政府通过为农场主或农场主所属营销合作社从银行或其他金融机构贷款提供担保,帮助他们更新资产、扩大生产或者在一个比较稳定的财务状况下经营农场,根本目的是帮助农场进行改革以促进发展，推动农产品的加工、分销和营销。

农场改革和营销合作者贷款法案主要包括农场发展贷款计划和农业营销合作贷款计划两项内容。其中,农场改革贷款计划主要是针对农产品生产者,该计划简化了给农产品生产者提供贷

款的程序，允许为农产品生产者提供保证贷款，最大贷款金额为25万美元；农业营销合作贷款计划主要是针对农产品营销组织，为增加农场资产、增强农产品竞争力、改善经营农场的财务能力，该计划将给农场主拥有的营销合作组织提供最高300万美元的贷款。

二、预付款支付计划

预付款支付计划的规定包括在农场谷物预付款支付法案以及农作物预付款法案之中。其中，农场谷物预付款支付法案主要针对加拿大小麦委员会指定地区的小麦和大麦，而农作物预付款法案则涵盖了所有其他农作物。

政府实施该计划的目的为了改善农场主的现金流状况，使农场主能够获取最大的利益。具体做法是：在农场主收获农产品之后，由政府出面为农场主提供预付款担保，让生产者组织提前向农场主支付预付款，同时政府保证该预付款能够得到按时偿还，这样做，可以使农场主先将农作物贮藏起来，待到一年中的市场条件变好时再进行销售，获取最大的价格收益，在农作物销售以后，再向生产者组织偿还预付款。

三、价格联合计划

价格联合计划旨在帮助和鼓励进行农产品合作营销，根据生产者提交给联营组织的产品等级、品种和型号，由联营组织向生产者支付预付款，帮助生产者改善现金流状况。在该计划下，农业和农业食品部长与营销机构（生产者联盟或者销售机构）之间签订农产品销售合作协议，由政府出面为营销机构提供价格担保，使营销机构和其生产者免受市场价格波动带来的风险，并帮助营销机构获得融资。

第四章　日本农产品贸易与市场流通

第一节　日本农业发展概况

日本国是个岛国，由北海道、四国、本州、九州4个大岛和3900多个小岛组成，统称日本列岛，国土面积377880平方公里，仅占世界陆地面积的0.27%，相当于我国的1/25。日本资源贫乏，土壤贫瘠，多火山、地震，山地和丘陵约占总面积的80%。2001年，日本的人口为1.2673亿，居世界第7位，其中城市人口1.0047亿，占人口总数的78.92%，是世界上人口密度最大的国家之一，属于典型的人多地少国家。

一、日本的农业生产状况

(一)种植业

日本除稻米自给有余外，近年来其他作物的种植面积和总产呈逐年减少趋势，自给率日益下降，食物热量自给率、食用农产品综合自给率、主食谷物自给率和饲料自给率分别为46%、65%、66%和26%，进口数量增加。下面我们分品种看一下日本主要农产品的生产情况：

(1)稻谷和豆类。2002年，日本大米和大豆的总产分别在1126万吨和28万吨左右，自给率仅为4%，几乎全部依靠进口，中国是日本的第三大进口国。红小豆自给率较高，每年约从中国进口2.5

吨，饲用玉米的进口量在1600万吨左右，中国是日本饲用玉米的第二大进口国。

(2)水果。日本水果生产以柑橘、苹果和梨为主，日本人均年水果消费量在38.8公斤左右，随着消费结构的变化，水果消费量日益减少，自给率也下降到了59%，进口的水果种类及数量不断增加。2002年，日本蜜橘和苹果的产量分别为10.2万吨和91.2万吨，较1993年减少了157.8万吨和12.8万吨。

(3)蔬菜。日本蔬菜种类繁多，主要的蔬菜品种有29种，蔬菜年人均消费量一直保持在110公斤左右，近年来，日本叶、茎菜类蔬菜日益增加，果菜和根菜类蔬菜不断减少。2002年，胡萝卜、卷心菜和绿豌豆的产量分别达到了69万吨、247.2万吨和3.2万吨，新鲜叶、茎类蔬菜的产量达到了280万吨。

(4)花卉。日本居民收入水平的提高使得对花卉的需求量不断增加，1993年，生产花卉的农户数量由1960年的5.7万户增加到了近15万户，同期，以花卉收入为主(来自花卉的收入占到了农户总收入的80%以上)的农户在农户总数中所占比例也由6.6%增加到了24.4%。日本花卉年均销售额在180亿美元左右，居世界第一。近年来，日本的花卉进口量不断增加，主要来自荷兰、新西兰、泰国、美国、新加坡以及中国台湾。根据日本大藏省关税局的统计，1999年上半年，切花(含切花、切叶、切枝)进口1.1万吨，较1998年同期增长14%，进口额87.2亿日元，增长3%，分别从泰国、荷兰、韩国进口花卉13.8亿日元、10.6亿日元和6.4亿日元。和1998年同期相比，1999年日本花卉进口地区发生了变化，泰国与荷兰所占比重分别下降了11%与21%，中国、中国台湾与韩国所占比重分别增长了7%、95%与14%，从哥伦比亚和马来西亚进口的花卉也有所增加。

（二）畜牧业

日本的畜牧业主要集中在北海道等牧草地较多的地方，采取集约化、机械化饲养，电子化管理，或由几户共同饲养，或由一户饲养数百头家禽，这样有利于节省时间、降低成本。2002 年，日本存栏肉牛 465.4 万头，鸡 2.94 亿羽，生猪 961.2 万头。目前，日本每户平均饲养成牛 25.1 头，已经超过欧盟 20.6 头的平均水平，北海道地区每户可饲养成牛 38.8 头，接近荷兰 40 头的水平。

（三）渔业

日本是世界第四大渔业国，在日本近海有世界三大渔场之一的太平洋北部渔场，鱼类资源丰富。日本是世界上食鱼最多的国家，水产品在日本饮食中有着十分重要地位。1997 年，日本人均鱼肉日纯消费量（不包括头、骨和内脏）为 99 克。为保护鱼类资源，日本的捕鱼量在 1984 年达到 1282 万吨的历史最高水平后，持续下降至 1997 年的 741 万吨。2000 年，渔业产量仅有 575.2 万吨。

（四）林业

日本的森林覆盖率高达 65%，居世界前列，人工林约占森林总面积的 45%，国有林占 30%。林业在日本的国土保护和涵养水源等方面起着十分重要的作用。日本建造房屋和家具大量使用木材，木材消费巨大，"木文化"在日本生活中占有重要地位，但由于林业经营收入低，加之林业就业人口老龄化，日本的林业生产发展缓慢，木材主要依赖进口，每年进口木材约占需求总量的75%。

（五）农产品加工业

日本的"食品关联产业"由食品产业与农水产业组成，其中食品产业包括食品工业、流通与餐饮业，农水产业包括食用林产品，食品产业占到了"食品关联产业"产值的 80%以上。日本食品工业的上市额占到了制造业总额的 10%，吸纳的从业人员比例为 11%，又被称为"一成产业"（欧美等发达国家和地区食品工业的比重也在10%左右)。日本在农产品加工业的发展中特别强调与地域农业和农村发展相结合,这不仅促进了农村经济的发展,带动了就业,而且为农村提供了稳定的产品销路。生产者利用当地的资源优势,从事农产品加工,形成了"一村一品"甚至"一县一品"的具有家乡风味的特产。如,北海道的"十胜葡萄酒",山形县的"月山葡萄酒",秋田县的"田园火腿",长野县的"信州黄酱"等等,不胜枚举,闻名全国。这些特色农产品大都在山区和半山区农村,年销售额最少的也有2亿日元,多的可以达到6.5亿日元以上。

二、日本农业生产发展的特点

(一)农产品自给率低

大米和鸡蛋是日本具有自给生产能力的品种。1998年,大米和鸡蛋的自给率高达95%和96%。其次是蔬菜和鱼贝类,自给率分别为84%和66%;再次是肉类和水果,分别为55%和49%,小麦和大豆的自给率仅有9%和3%,主要依赖国外进口。世界农产品贸易额的10%是日本进口产生的,1997年,日本进口玉米位列世界第一。

(二)耕地面积不断减少,农业生产发展缓慢

1994年,日本的耕地面积为508.3万公顷,占国土面积的13.5%,水田和旱地分别占54.3%和45.7%,灌溉面积24.3万公顷。到1999年,日本耕地面积进一步减少至487万公顷,都府县户均耕地面积不到1.2公顷,北海道户均耕地面积也仅有16.2公顷,与欧美等国的大规模经营相差甚远,属于典型的人多地少国家。在农业生产方面,1984年日本大米丰收,农业总产值达到11.7万亿日元的历史最高记录,之后产值连年下降,到1993年又因大米严重歉收,农业总产值降到了10.56万亿日元。

(三)农业劳动力减少,老龄化趋势严重

1999年,日本共有农户324万户,较1950年减少了一半,其

中,65岁以上的农业劳动力占到了农业就业人口的50%，农业人口老龄化现象严重。

(四)农业经营规模小,兼业农户比重大

日本农业以小规模经营为主,经营3公顷以上的农户数量不断增加,耕地有向大农户集中的趋势,骨干农户的旱地大规模化非常明显。在日本农户中,专业农户仅占16%,兼业农户的比重高达84%,其中,以农业收入为主要生活来源的“第一兼业农户”占14%,以非农收入为主的“第二兼业农户”的比重高达70%。

(五)农户经营组织形式多样化,商品率高

1994年,销售农户占总农户的76.4%,农产品商品率低的在75%左右,最高可达100%,一般在95%左右。拥有3公顷以上土地的中上层农户经营的组织形式多样,地区之间也存在一定的差异。如,北陆的水稻和冲绳的经济作物以单一经营为主,这一比重超过了70%;九州开展多种经营的比重为20%,考虑到准单一多种经营,其比重可达60%。

(六)公司、团体等组织共同参与农业生产

面对农户和农业劳动力数量的不断减少,日本农户开始成立公司、组合、农协等团体,进行大规模生产。如,农协围绕专业化对农户开展了全方位生产指导,大到农业发展总体规划,小到农户选种育苗、打药追肥等。在农协的帮助下,日本农业逐渐告别了传统经营方式,轻劳作、反季节、优品种、高收入日益成为日本现代农业的典型特征。1999年,日本农业团体达6860个,主要从事养鸡、种稻、养牛、养猪等。

三、日本农业生产发展面临的主要矛盾

当前,日本农业生产发展过程面临的矛盾主要表现在:

(一)农户小规模经营与社会化大生产之间的矛盾

20世纪60年代，日本进入重工业优先发展的经济起飞阶段，一方面，城市化和工业化占用了大量耕地；另一方面，受农耕传统所限，转移到城市和二三产业的农民不愿出卖土地而逐步走上了兼业化发展道路。两方面的原因使得农户家庭经营的土地面积不仅没有迅速扩大，反而趋于减少，全国户均耕地面积仅有1.47公顷，其中70%的农户经营规模在1公顷以下，而且经营分散，与日益发展的社会化大生产不相适应。

（二）农产品生产成本高与国际市场价格低之间的矛盾

农户经营规模小、布局分散、形不成规模效益，影响了农业集约化程度的提高，现代化的机械化大生产也无法充分发挥作用，不仅降低了劳动生产率，而且加大了农产品生产的物质成本，加之日本政府对农业的过度保护，使得日本农产品成本远高于其他国家，如，大米生产成本约是美国的10倍，泰国的23倍，造成日本农产品价格明显高出国际市场价格，缺乏市场竞争力，不断受到来自国际市场的冲击。

（三）传统种植习惯与农业结构调整之间的矛盾

由于政府对农业的保护和补贴，在世界上大多数国家都在积极调整农业结构应对激烈的市场竞争的同时，日本的农业生产却还处于保守经营阶段，农业结构调整力度不大。如，茨城县阿见町的农户大都只种植水稻、大麦、白菜、西瓜、花生、西红柿等传统的单一农作物，致使耕地资源得不到充分利用，不仅如此，受传统种植习惯影响，农户搞种植业的不搞养殖业，影响到了农业内部结构的调整，特色畜产品的发展。实际上，在一些地区只要种草养畜，效益还是很可观的。

（四）经营管理体制改革与农业组织化程度下降之间的矛盾

宏观环境的变化使得农协经营面临着严峻挑战，原因在于随着兼业农户的不断增加，农协会员结构发生了较大变化，不再是单一的自耕农成分，呈现出会员多元化的局面，特别是国外大量低价农产品的输入，使得农户家庭经营效益下降，严重影响到了日本农协的生存和发展，一些农协对农业的服务功能开始弱化，部分农户出现了离会倾向。为此，必须深化改革，创新管理体制，使农协真正适应新形势下农业发展的要求，提高对农业的组织化程度。

第二节 日本农产品流通体制的演变、现状及特点

日本农业以水稻生产为主，稻米是日本最重要的粮食品种，也是日本国民的主要食品，因此，对稻米生产及流通的调节就成为了日本政府稳定城乡居民生活、促进农业发展、实现农业现代化的主要职责，其中，粮食价格流通政策是日本政府运用最多的调节手段。1961年，《日本农业基本法》颁布实施，日本政府开始对稻米供求实行计划管理，由农林水产大臣负责制定稻米管理的基本方针，对每一年的粮食供求状况进行预测分析，地方政府制定具体的供给计划调节生产。同时，政府对稻米的收购、销售和流通实行管理价格制度，即由政府规定稻米的具体收购价格与销售价格，并指定农民合作组织——日本农协代为收购稻米，然后再由日本农协将收购的稻米集中卖给政府——农林水产省的粮食厅，最后由政府出售给指定的批发商和零售商，进入市场流通环节。

一、日本农产品流通体制演变历程

价格流通政策作为日本农业政策的重要组成部分，其目标应始终与农业政策的基本目标一致，并且为实现农业政策的基本目标提供服务。第二次世界大战后日本的农产品流通体制尤其是粮食价格流通体制大致经历了两个阶段的变化：

(一)保护型的农产品价格流通体制形成阶段

根据日本战后经济国际化进程加快及其农业发展变化的新形势，日本政府对稻米价格及其流通管理方式进行了相应地调整,但其制定政策的目标和出发点始终没有发生变化。

第二次世界大战后初期，为缓解稻米供不应求的紧张状况，为工业化的加速发展提供资本积累,日本政府对稻米等农产品采取了“低价收购,分配消费”的价格流通政策。

随着日本经济的复苏和发展,结合农民的需求,20世纪50年代,日本修订了《粮食管理法》,规定政府收购稻米的价格应以生产费用及物价作为参照,以确保稻米再生产的顺利进行,同时调整了收购方式,即由派购转变为预购。例如,自1952年起,日本政府就开始以1950~1952年的物价作为基准价格来计算稻米的收购价格,同时,对提前销售、超标销售稻米的农民实行加价奖励。

20世纪60年代初,《日本农业基本法》颁布实施,目的在于提高农业生产率、转变农业生产方式、缩小农业就业者与其他产业的收入差距,加速农业现代化进程。一方面,政府开始采用“生产费用+收入补偿”的方式计算稻米的收购价格,即按城市工人的工资计算农民的劳动报酬，使消耗相同时间的农民可以和工人获得基本相同的收入,确保农户种植稻米能够获得比较高的收益,这样做不仅提高了农民收入,鼓励了农民种植稻米的积极性,而且有效地增加了稻米的生产与供给,提高了农业生产率,加速了农业现代化技术装备的普及;另一方面,政府制定了较低的销售价格以保护低收入者家庭的消费不受影响,差额部分由财政进行补贴。

与双重米价政策相配套,为保证稻米流通的有序进行,日本政府对稻米的流通渠道进行了相应的限制与规定:其一,由农林水产大臣指定从事稻米收购集货和批发零售业务的经营者,这些经营者还需要得到都道府县知事的批准;其二,经营稻米收购集货和批发零售业务的团体或个人应具备从事稻米流通所需的资金、经验、设施和信用实力；其三，经营稻米收购集货和批发零售业务的团体或个人应遵纪守法；其四，经营者从事的业务范围也受到了相应的限制。

这种保护型的粮食价格流通体制产生了一些积极作用，主要表现在：其一，稻米价格受市场波动的影响减小；其二，有效地保护了生产者和消费者的利益；其三，促进了稻米生产能力的提高和生产手段的现代化。但是也应该看到，这种保护型的价格流通体制也给日本农业发展造成了一些负面影响，主要表现在：其一，对稻米价格的过度保护使日本的农业劳动生产率低于工业；其二，稻米这一主要农产品在国际市场上缺乏竞争力，例如，日本稻米的价格要高出其他主要稻米生产国几倍乃至十几倍，根本无法与国外稻米竞争；其三，稻米收购价格的增长快于销售价格的增长，致使日本政府的财政负担不断加重，日本政府平均每年用于农产品价格的补贴费用占到了整个农业财政预算的30%左右。

(二)市场型的农产品价格流通体制改革阶段

20世纪60年代后半期开始，日本稻米的生产与供给迅速增加，日本国民的消费结构发生变化，稻米消费的减少以及巨额的价格补贴给日本政府造成了巨大的财政压力，尤其是随着稻米生产的过剩和政府管理粮食财政赤字的扩大，为缓解来自内部的矛盾以及外部的冲击，调节稻米供求，减轻政府的财政负担，日本政府于1969年开始稳步地推行面向市场的农产品价格流通体制改革，部分地把市场机制引入稻米流通过程，逐步确立了自主流通米制度，放松了对稻米流通的严格管制，允许一部分稻米不经过政府，由全国收购集货团体直接与粮食批发商协商成交后进入流通领域，价格在参照政府米价格的基础上，由交易双方根据供求状况自由协商，但仍规定了自主流通米由指定的流通者经营，数量也由政府根据供求计划加以限定。我们也可以看到，此时，自主流通米仍是对政府米的有益补充，并非在市场上发挥着主导作用。

随着自主流通米数量的增加和政府米销售价格的提高，日本政府的财政负担明显减轻，到1988年，财政上购销倒挂的局面得到明显改观。

面对日本农业与世界上其他国家之间竞争力差距的不断扩大，以及欧美国家要求日本开放国内农产品市场的外部压力，日本政府不得不逐步转变其传统的农业保护政策，在关税贸易总协定乌拉圭回合谈判的最后阶段，日本农林水产省于1992年6月制定了新粮食农业农村政策方向，简称“新政策”——培育农业法人经营体、降低稻米生产成本与价格、增强产品市场竞争力、改革现行的粮食管理制度和价格政策，进而实现2000年农业的全面对外开放。

随着市场由卖方市场向买方市场的转变，传统的价格形成机制发生变化，农业新政策的实施推动了农产品价格流通体制的改革，1990年开始的自主流通米招标交易就反映了这种政策动向，市场机制在日本稻米流通中的作用日益增强。1990年8月，日本政府出资设立了财团法人自主流通米价格形成机构，该机构分别在大阪和东京设立了交易所，通过招标方式形成稻米的市场交易价格，调节稻米的生产与销售，维持稻米供求总量的平衡。整个交易过程由机构运营委员会主持，该委员会由买卖双方的代表和从事交易的专业人员组成，并对交易者、交易对象、交易次数和成交价格的变动幅度都做出了明确规定和限制。

1993年，水稻大规模歉收以及关贸总协定农业协议的签定，对日本的粮食供求和价格稳定产生了冲击，加速了日本农业政策转变和向开放型农业转变的步伐。为进一步稳定主要农产品的供给及价格，使农业新政策提出的改革方向更加具体化，针对稻米流通以自主流通米为主(1993年，自主流通米已经占到了稻米流通的 70%)的现实,1994 年 10 月,农林水产省提交了旨在改善自主流通米招标交易方式、调整政府米价格决定方式的“新法案”:其一，确定给予自主米价格形成机构以价格形成中心的法定地位;其二,进一步扩充市场机制,充实和扩大招标交易范围,确立招标交易的价格稳定系统,改善对价格变动幅度的限制;其三,政府购买稻米价格的确定要以米价审议会——日本农林水产省(日本农林水产省认为,在目前状况下,政府米的作用应以储备和作为自主流通米价格的下限为宜,其价格要由最低收入补偿或者是购入储备米的相应费用来确定。这就意味着,政府米的价格要在一定程度上受自主米价格的影响)粮食厅所设的官方咨询机构的意见为主,并能反映自主流通米价格的动向,目的在于确保稻米再生产的顺利进行。值得注意的是,在扩大市场调节作用的倾向下，日本政府并未完全放弃对政府米的直接管理和计划流通制度，仍然通过数量管理对自主流通米的生产和流通进行间接调控,以维持供求关系的稳定。

二、日本农产品对外贸易现状

目前,日本已成为世界上最大的农产品进口国之一。美国、中

表 4-1 日本食品进口的地区分布(%)

年份	20 世纪 80 年代初	20 世纪 90 年代初
北美	42	36
中南美	9	6
西欧	8	11
俄罗斯、东欧	5	2
亚洲	23	34
大洋洲	9	9
中东、非洲	5	2
世界总计	100	100

国、加拿大、泰国、澳大利亚、中国台湾地区、韩国和印度尼西亚是日本主要的进口国家和地区(表4-1)。

2001年,日本农产品进口总额达到345亿美元,进口产品范围较广,主要涉及粮食(小麦、玉米、大豆)、肉类、水产品、乳制品、水果及蔬菜、糖、动植物油、茶叶、绒毛、松香、草皮等。

(1)粮食。近年来,日本谷物年均进口量在2500万吨左右,占世界谷物进口量的10%,主要用作饲料。

(2)肉类。日本牧场和牧草地仅占国土面积的2%左右,其畜牧业经营规模远远落后于欧美国家。迫于自然环境的压力,随着工资成本的增加,日本政府近年来开始减少对畜产品生产者的价格支持,放宽进口的数量限制,导致肉类进口量大幅度增加。20世纪90年代,日本30%以上的畜产品消费量来自进口,1992年达到153万吨,较1986年增长了80%以上,2001年肉类进口量进一步增至270万吨。目前,日本已成为国际市场上最主要的肉类净进口国之一,进口量占世界肉类进口总量的10%以上。

(3)蔬菜。蔬菜也是日本进口的大宗产品,以进口洋葱、大蒜、食用菌、带夹豌豆、冬笋、毛豆等为主。

(4)水产品。日本人均鱼类消费量仅次于韩国,居世界第二位。日本在出口水产品的同时,也大量进口水产品,是世界水产品进口最多的国家。1960~1990年,日本水产品进口量增长了36倍。1992年,日本水产品进口额为128亿美元,占世界水产品进口总额的28%。近年来,日本进口的鱼贝类数量和金额都达到了历史最高点。1997年,日本进口鱼贝类600万吨,出口42万吨,主要是鲜活产品,美国是日本鱼贝类产品的最主要进口国,其次是中国台湾、中国、韩国和泰国。1998年,日本进口水产品总额达到16425亿日元,其中生虾进口最多,占水产品进口总额的22.2%,其次是金枪鱼,占11.2%,鲑鱼和鳟鱼占7.5%,鳗鱼占6.8%,蟹占

5.8%，章鱼占 3.2%，墨鱼占 2.8%，虾类加工品占 2.4%，鳕鱼籽占 2.1%，冷冻鳕鱼肉占 1.8%，青花鱼占 1.5%，其他占 32.7%。

(5)羊毛。日本是羊毛的主要消费国，也是世界第二大羊毛进口国，进口量占世界羊毛市场总量的 15%。

(6)棉花。日本是世界主要的纺织品生产国和出口国，所需棉花全部依靠进口，除战争年代外，日本一直是世界上最稳定的棉花进口大国。20 世纪 70 年代到 80 年代，日本棉花进口量均维持在 70 ~ 80 万吨，占世界棉花销售总量的 15% ~ 20%。20 世纪90 年代以来，日本棉花进口量有下降趋势，1993 年降至 49 万吨。

(7)生丝。日本生丝需求量约占世界生丝需求总量的 1/3，其中 3/5 ~ 2/3 来自进口，日本国内生产量只能满足需求量的1/3 ~ 2/5。

(8)木材。20 世纪 60 年代初，日本进口木材只占其木材需求量的 10%左右，1972 年，日本从国外进口木材超过了国内生产。1998 年，日本木材生产 1932 万立方米，消费量 3940 万立方米，木材进口比率占到了消费量的 50%以上。美国、俄罗斯、加拿大、马来西亚、新西兰、巴布亚新几内亚、瑞典、智利、芬兰、印度尼西亚、中国是日本木材的主要进口国。日本的木材进口以原木为主，但随着木材资源的减少，木材出口国为保护资源，不同程度地控制了原木出口，使得日本进口胶合板等木材制品大幅度增加。

综上我们可以看到，近年来日本农产品进口出现了以下几个方面的变化：其一，进口农产品结构发生变化，蔬菜和果仁的进口增长较快，鱼贝类进口继续增加，占到了进口总额的 35%，进口数量及其金额均达到了历史最高，肉类和谷物进口分别占17.5%和 11.8%；其二，高附加值的农产品进口增加；其三，区域内进口比重加大，进口商倾向于在亚洲“开发进口食品”，也就是说将在国外生产的农产品再返销日本，在向日本提供开发进口食品的国家中,亚洲占到了42%,北美占37%。

2001年,日本农产品出口总额达到24亿美元,以蔬菜和花卉种子、方便面等各种加工品、美浓瓜、绿茶以及优质牛肉等的出口为主。

三、中国与日本之间的农产品贸易状况

据日本农林水产省的统计,2003年,中国仅次于美国,是日本农产品的第二大进口国,玉米、鸡肉、大豆、冷冻蔬菜、新鲜蔬菜、新鲜水果、干燥水果和酒精饮料等是日本从中国进口的主要农产品,其中,玉米、新鲜蔬菜和酒精类饮料的进口呈增长势头。从进口额上看,2003年, 日本从中国进口的农产品和水产品有减少的趋势,其中,受禽流感影响,日本从中国进口的鸡肉大量减少,冷冻蔬菜的进口量也因农药残留量问题有所减少。

中国与日本之间的农产品贸易既存在机遇,也面临着挑战。

机遇主要体现在:其一,地理位置优势使得中日之间农产品运输的成本低而且时间短;其二,中国农产品价格较低,更具比较优势;其三,农产品供给的多样化有利于满足日本国内需求,尤其是中国的有机食品颇受日本消费者的青睐。

挑战主要表现在:其一,日本的动植物检疫和食品卫生检查手续繁琐,进入门槛高;其二,受消费习惯影响,日本消费者更倾向于购买本国产品,不仅如此,日本消费者对食品的质量安全要求较高,对进口农产品的选择十分慎重;其三,日本实施了农业保护政策和促进国内食品消费的措施以增加农产品供给;其四,日本《标签法》和日本《食品卫生法》等法律法规使中国企业出口面临着较大的风险, 食品质量卫生问题常常成为日本拒绝进口中国农产品的最大理由;其五,中日贸易摩擦给中国农产品出口企业带来的风险。

四、日本农产品贸易市场特征

随着日本国民收入的增加及其居民消费结构的变化,日本的农产品贸易市场也呈现出以下几个方面的特征:其一,肉类消费量不断下降,鱼贝类消费量增长较快;其二,原材料型农产品的比例有下降趋势,附加值高的加工品和半加工品的比例在增加;其三,食品产业对低价原材料的需求加大,运输业的发展使生鲜食品的进口比例不断增加;其四,饮食结构的变化使得日本的食物自给率呈现出下降趋势,主要体现在:大米消费减少,油脂类和畜产品消费增加,但由于以饲料作物为原料的畜产品和以油料作物为原料的油脂类生产需要占用大量土地,使得日本大部分的畜产品和油脂类产品不得不依赖国外生产,结果造成日本食物自给率不断下降。

第三节　日本农产品流通渠道与模式分析

在日本,农产品从农户生产开始,通过批发市场等流通环节,一直到最终到达消费者手中,有一套严密系统,既节省了生产者进入流通领域的时间与成本,又确保了消费者可以获得鲜活农产品,日本农产品批发市场的运作与发展得到了世界上大多数国家的认可。日本农产品流通渠道复杂,主要包括中央批发市场、地方批发市场、中间商批发市场和零售组织以及供货组织等。

一、日本农产品批发市场运作现状——以东京都中央批发市场为例

东京都中央批发市场是由地区的公共团体设立,通过批发商、经纪人等推动生鲜食品在生产者与消费者之间进行有序、快捷流通。无论生产者提供的农产品有多少,都可以在中央批发市

场中及时地为其产品找到合适的销售对象，零售商则可以在中央批发市场找到满足其需求的稳定可靠的采购对象。东京都中央批发市场的运作如图 4-1 所示：

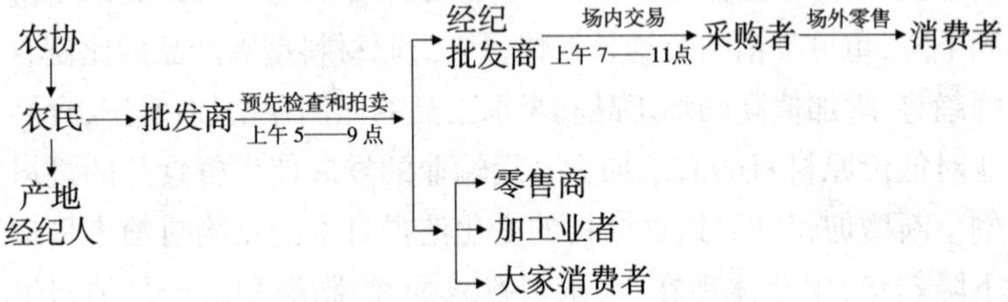

图 4-1 东京都中央批发市场

案例 4-1

东京都中央批发市场

每天清晨，当人们还在酣睡时，早已从全国各地源源不断地运来了各种带有季节性特点和乡土风味、特色的生鲜食品，并且整齐地排列在货场上。这些由生产者自己、产地经纪人、农协组织运来的产品，将被无条件委托给批发商。经农林水产大臣获准的批发商将受委托销售的产品，利用各种竞买(如拍卖)方式出售给经纪批发商，或直接出售给获知事许可的零售商、加工业者或大宗消费者。参加竞买者一般在开始实施竞买以前，要仔细查看已陈列在销售场中的各有关货品的质量，估计价格，并等待竞买。预先检查和拍卖过程一般在上午 5 点至 9 点之间，经过激烈的竞买，最终出最高价者买取某物品。这种方式充分体现了公开、公正、公平的原则，反映了供求关系，因此自东京都中央批发市场建立以来，一直采用这种方法。拍卖以后，经纪批发商将购得的产品运到自己的店里，并分门别类地摆妥，以便让顾客采购。零售商及饮食业的采购者，将于上午7点到11点前来采购，最后，采购人将采购的物品运到自己的店里零售给消费者，并争取在次日5点前售完，卖不掉的部分则降价处理。另外，为了保护农协、农民的利益，日本《批发市场法》规定，批发环节的销售手续费，分别占批发金额的比例为：水产品为5.5%，蔬菜为8.5%，水果为7%，肉类为3.5%，花木为9.5%等。

二、日本农产品批发市场运作的特点

（一）日本农产品批发市场运作规范，管理严格

1923年，日本第一部《中央批发市场法》颁布实施，规定中央批发市场需要经过农林水产大臣的批准才能开设，开设者应是地方政府部门和公共团体；地方批发市场的开设则要经过都、道、府、县的批准，开设者大多都是公共团体、农协、株式会社等。截至目前，日本47个都、道、府、县的56个地区已建立109个中央批发市场、1961个地方批发市场。而后，《批发市场法》几经修订，日益完善，规定了更为严格的交易原则，使交易活动更具公共性、公开性与公正性，有效地减少了违规违法现象的发生。

（二）竞争机制在批发市场的运行中得到了充分体现

竞争机制在日本批发市场中体现为：一方面，对市场参与主体进入市场做出了相应规定与限制，如，日本中央批发市场中的批发公司或批发商都要由农林水产大臣批准，经纪批发商、参加买卖者要经知事批准，市场参与主体应诚实守信、恪守法规，赢得生产者的信任，这样才有利于稳定地、多渠道地获得多种产品的委托销售权；另一方面，交易价格的形成以拍卖为主，具体做法是：市场管理人员用电子显示板公布待售农产品的产地、品种、质量、数量、价格，由经纪批发商或参加买卖者进行激烈的竞买，某一产品出价最高者可以买取该产品，激烈的竞争促使少数有实

力、经营有方的批发商逐步发展成为了批发株式会社。

(三)日本农协成为农民有组织地进入流通领域的关键组织

1974年,日本国会通过《农业协同组合法》,农协就是依据该法成立的,由单个农户自愿联合组织起来的,拥有强大经济实力,遍及全国的"民办官助"的农民经济团体。日本农协在组建批发市场和集配中心,组织物流、商流、信息流及组织结账等农产品流通各环节中,发挥着十分重要的作用。基层农协在产地一般都建有自己的农产品集贸所,专门负责农协成员的产品的售种、挑选、包装或冷藏以及组织上市。目前,日本农协系统共有2861个集货所,7个全国运输联合会,全国运输联合会下设众多运输组织,充分保证了农产品可以快速运至批发市场,确保了农产品的保鲜程度。

三、日本农产品流通渠道的特点

(一)农产品渠道环节多、成本高

日本农产品一般需要经过两级或两级以上批发渠道后,才能到达农产品零售商手中。按照日本《批发市场法》的规定,中间商不得从事批发业务,因此,只要极少数的批发商(如株氏社等)可以从产地市场直接进货,绝大多数农产品要经过多级批发市场进行交易,增加了农产品的流通成本。

(二)农产品流通渠道规范、法制化程度高

尽管农产品流通环节多,但日本批发市场采用招标、拍卖、预售、样品交易,甚至同一产品两家机构同时拍卖等多种交易方式,使得农产品价格的形成更加公开、公正,更有利于维护农产品生产者的利益。此外,日本政府还出台了一系列的法律法规对农产品流通加以规范,如,《市场法实施规则》规定到达批发市场的农产品必须当天立即上市,全部出售,批发商不得作为中间商或零售商直接采购农产品,拒绝农产品委托,不允许场内批发商同场外的团体或个人开展批发业务等等，极大地提高了农产品批发市场的流通效率。同时，规定批发商除收取手续费外不能再收取其他额外费用和报酬。

(三)市场参与主体之间的利益分配不均

较早颁布实施的日本《零售法》旨在为从事农产品流通的组织提供利益保障，但却造成在流通环节中，市场参与主体获得的利益极不均衡，其中，批发商收取4%管理费，中间批发商10.9%、零售商43%、农协等43.6%、生产者仅占28.5%。零售商为保证43%的利润往往将最终的销售价格抬得很高，因此，日本农产品零售价格远高于其他国家，是世界农产品市场上价格最高的。

第四节 日本农业协同组合及其在农产品贸易与市场流通中的作用

一、日本农业协同组合的性质及其在农业中的地位

(一)日本农业协同组合的宗旨

全称“日本农业协同组合”，其前身为1900年建立的“产业组合”，是依据日本1947年颁布实施的《农业协同组合法》设立的农民合作经济组织。目前，日本已成为世界上农业合作组织最发达的国家之一，农业协同组合则是日本规模最大、群众基础最广泛的合作组织。

日本《农业协同组合法》规定，农业协同组合以“提高农业生产力，提高农民的社会经济地位，实现国民经济的发展”为宗旨，是法制化的由农民自主的合作组织，“通过其从事的事业，为会员提供最大限度的服务，不以盈利为目的”。

(二)日本农业协同组合的运营特点

日本农业协同组合组织在运营上具有以下特点:其一,是不完全以盈利为目的的农民合作经济组织。它从事农产品购销,获取盈利的主要目的在于增加公共积累,维持组织正常运转,为会员提供更好的服务,谋求更大的发展。《农业协同组合法》在法律上对它的盈利行为做出了诸多限制,规定它赚取的利润在扣除各项成本后,应按会员利用组织及其设施的数量比例和股金两个标准分配红利。其中,按股金分配红利的部分不能超过法定的比例范围,最高不得超过年息8%,基层农协在7%以内,农协联合会在8%以内。它经营利润除用于对会员分红和按比例返还收益外,均作为农业协同组合进一步发展的公共积累。其二,会员加入自愿、退出自由是日本农业协同组合的最基本原则。自愿参加农业协同组合的农民和属地非农居民在缴纳股金后,就可以成为农业协同组合会员。加入农业协同组合的农民会员除享有利用农协事业权、取得分红、退股(农民会员要想退出农业协同组合,只要在事业年度前两个月提出申请即可,并退还全部股金)等权益外,还拥有选举权、表决权、请求召开会员大会和改选农业协同组合干部的权力。而非农居民只能作为农业协同组合的准会员参加它的合作活动,只享有利用农业协同组合事业、请求分红、退股等权益,没有选举权和被选举权。其三,依法设立,受到政府的扶持和保护。《农业协同组合法》从法律上对它的法律地位、经营管理、事业内容、组织机构等均做出了明确规定,对指导农业协同组合发展和保护农业协同组合的权益起到了重要作用。此外,它在财政和税收等方面,得到政府给予的优惠与扶持,但一般行政部门不得超越法律干预它的正常运作。其四,建立了完善的民主管理与监督机制。组合员全体代表大会是农业协同组合的最高权力和决策机构,理事会是它的执行机构,监事会负责行使监察理事执行业务的职能。此外，为保证它的健康运营，它还建立了自我监督体制，农协中央会设立了监察士制度，由农协监察士负责对基层农协和地区联合会的账目进行检查。农业协同组合全体大会或全体代表大会例会每一事业年度定期召开一次，主要是审查上年度事业报告、财政决算，决定本年度计划、选举理事、监事等重要事项。农业协同组合干部构成以正组合员为主，正组合员应占到干部的3/4，以保证农民在组织中居于主导地位。它还通过农户组合、生产部会、妇女部和青年部等基层组织，为组合员开展民主活动提供空间。

（三）日本农业协同组合在农业中的地位

日本农业协同组合得到了广大农民的信赖与支持，在日本农业发展中起着不可替代的组织作用。日本农业协同组合的事业范围涉及面广——农业生产、购销、信贷、保险以及农民的医疗卫生保健和文体活动等一切与农村经济和农民生活有关的方面，都离不开各级各类组织的参与。与西方发达国家的农业合作经济组织相比，日本农业协同组合不仅仅是一个经济组织，还协助政府贯彻农业政策，代表农民向政府施压，因而具有“政治团体”和“准政府机构”的性质。农业协同组合系统在竞选活动中还是执政党不敢小视的“票田”，其不仅控制了自己的选票，还影响到了会员家属、朋友及其交易对象的选举倾向。可见，无论从经济辐射力来看还是从政治影响力来看，农协在日本农业与农村中均居于十分重要的地位。实践证明，日本农业协同组合作为农民的合作组织，在组织农民从事农产品生产、加工、销售，向农民提供生产资料、金融服务及技术指导等产前、产中、产后服务，促进农村城市化过程中发挥了积极作用。

二、日本农业协同组合的组织结构

日本农家是农业经营的基本单位，日本农协采取三级组织体制，即在市、町、村设立基层农协，在都、道、府、县以基层农协为团体会员组成县级组织，在中央以都、道、府、县级联合会为团体会员组成全国一级的组织，县级组织和全国一级的组织按其经营业务的不同可以分为两大系统，即主要从事经济事业的"农协联合会"和主要提供业务指导的"全国农业协同组合中央会"。日本农业协同组合在全国层次还有从事文化出版活动的"家之光协会"，从事信息文化活动的"新闻联"及各种"全国专门联合会"。这样，日本农业协同组合就建立了一套从基层到地方再到中央的严密的组织系统，将农民和农家全部纳入了农协组织系统，并把各级各类农协组织连结起来，形成了一个庞大的全国性的组织机构体系，覆盖了日本整个农村地区。

农协联合会分为两种：一种是与综合农协对口并以综合农协为团体会员的联合会。主要包括全国农业协同组合联合会、农林中央金库、全国信用农业协同组合协会、全国共济农业协同组合联合会和全国厚生农业协同组合联合会。日本的《农业协同组合法》对各级各类农协组织的业务范围做出了十分详细的规定，不允许农业协同组合组织之间进行交叉业务经营，上级农业协同组合不得侵占下级农业协同组合的权利，各级农协均应履行自己的义务，接受会员及各级监察部门的监督。各种协会的具体分工为：全国农业协同组合联合会由基层农协组成的县经济联合社构成，主要是为农户提供综合指导，从事农政活动；全国信用农业协同组合协会由基层农协组成的县信联构成，主要是开展农村金融活动；全国共济农业协同组合联合会由基层农协组成的县共济联构成，主要从事农村保险活动；全国厚生农业协同组合联合会由基层农协组成的县厚生联构成，主要开展农村医疗卫生活动。另一种是与专门农协对口并以专门农协为成员的联合会。

按照《农业协同组合法》的规定，专门农协主要以销售特定农畜产品为目的，由从事同一产品生产的专业农家组成，多出现于养蚕、畜产、园艺等领域，数量众多但规模较小。20世纪60年代到90年代中期，专门农协的数量在农业协同组合总数中所占比例始终在50%以上；综合农协遍布全国各地，主要从事销售、购买、信用、共济、仓库、指导等业务，除涉及整个农业生产外，还设有金融机构和商店，服务对象以包括居民在内的当地农民为主。和专门农协相比，综合农协与人们的生产和生活关系更为密切，其规模通常大于专门农协。

全国农业协同组合中央会是农业协同组合的综合性指导机关，其主要任务是为下一级农协提供组织、业务及经营指导，协调联合会之间的关系，调节联合会之间的纠纷，向政府有关部门就农业协同组合和农业政策问题提出建议。

三、日本农业协同组合在农产品流通领域中的作用

（一）组织农户开展联合购买与销售，增强了农户的市场竞争地位

日本农业协同组合在农产品流通领域中主要负责农用生产资料的购买和农产品的销售，通过组织农家开展联合购买与销售，形成规模化批量交易，增强了农家在市场中的竞争地位，从而在农用生产资料市场、农产品销售市场及生活资料市场上能够争取到更有利于农民的成交价格，减少了其他经营个人和团体在农产品流通环节中的不当利润，最大限度地维护了农民的利益。

（二）参加或组织各类交易市场，提高了交易效率

农业协同组合在日本各大中小城市都会直接参加或出资设

立农产品批发市场,农业协同组合在农产品批发市场的运作与交易中非常活跃。为了增加农产品的附加值,提高农产品的销售效率,使农产品销售过程更加合理化,日本农业协同组合不仅建立了一批加工、挑选、包装厂、预冷库、冷藏库和运输中心,还在地方建立了一些批发市场、商店和超级市场等,此外,日本农业协同组合在全国大中城市的74个中央批发市场也都拥有自己的分支机构。如,东京都大田青果市场就是由全国农协联合会全额出资建立的。

(三)统一购买农用生产资料,为农产品的生产与销售创造了良好的条件

日本农业协同组合主要是代理农户会员购买各种生产资料与生活资料,具体操作过程是:会员需要购买生产资料或生活资料时,首先向本地区的综合农协订货,综合农协负责收集整理地区内会员的订单,然后将这些订单进行汇总交至县经济联,再由县经济联统一送到全国农协联合会进行汇总,全国农协联合会根据农户的订单统一购买, 而后再将货物送到不同的会员客户手中。由于拥有固定的会员客户,因此,遍布全国的日本农协开展的农用生产资料和农户生活资料购买业务,其业务量并不逊色于日本任何大的综合性商社。农用生产资料的统一购买为农户顺利组织农产品的生产与销售创造了良好的条件。

(四)统一销售农产品,并结合消费需求变化为农户提供生产指导

农业协同组合利用加工、包装、运输、保鲜、信息网络等现代化优势,借助自己庞大的组织系统,将农民生产的农产品集中起来,进行统一销售。统一销售的优势主要体现在:其一,经农业协同组合上市的农产品质量与规格统一;其二,经农业协同组合上市的农产品上市计划性强、销售量大、销售稳定;其三,经农业协

同组合上市的农产品价格在批发市场内以竞拍方式形成，有利于农户获得合理价格；其四，农民在交易完成后数天之内就可以得到货款；其五，农业协同组合利润主要来自代理农户会员销售农产品的手续费，而手续费按销售额的一定比率计算，有利于农业协同组合与农户利益的一致性，正是因为这样，农户才更乐意委托农协代销其农产品；其六，农业协同组合结合消费者需求变化指导农户调节生产与销售、降低生产成本，不仅发挥了调节供求的功能，还尽可能地将共同销售的收益留给农户。

第五节 政府在农产品贸易与市场流通中的政策支持

一、农林水产省对农业产供销一体化的管理职能

(一)日本农林水产省的组织机构体系

日本是实行地方自治的国家，日本政府机构有中央政府和地方政府之分。中央政府设农林水产省(内阁 12 省之一，相当于我国的农业部。其前身是成立于 1881 年的农商务省，先后改为农林和商工两省、农商省、农林省等，自 1978 年起改为农林水产省)，农林水产省在各地均有派出机构，地方政府分为都、道、府、县和市、町、村两个层次，它们都是自治体，之间没有上下级的关系。地方政府中，都、道、府、县一级设有“农林水产部”，根据所在地的经济类型，市、町、村一级或单设“农林水产课”，或与工商管理部门合在一起设“产业课”。此外，中央和地方的农林水产部门都有一些诸如认可法人、特殊法人等外围组织。

农林水产省及其体制是按照日本《国家行政组织法》和《农林水产设置法》依法设立的，由 1 个大臣官房(596 人)、5 个“内局”

和3个直属“外局”组成。“内局”共包括5部、69课，定员在2850人左右，由经济局（800人）、结构改善局（566人）、农蚕园艺局（366人）、畜产局和食品流通局（281人）构成；“外局”主要包括水产厅（843人）、林野厅（713人）和粮食厅（471人）。

（二）日本农林水产省的主要职能

日本农林水产省的总体职能是：①保障农产品的稳定供给，推动国民生活水平的不断提高；②促进农林牧渔业及农村、山村、渔村的经济、文化建设与振兴；③推动农林水产业的稳定发展，进一步发挥农林水产业在国民经济中的作用；④保证国家产业政策、区域政策、高技术开发及国际合作政策的顺利实施。

具体地看，农林水产省内部各部门的职能为：①大臣官房主要负责财政预算、计划、政策法规、人事任免和机构编制、对外公关，内部事务协调等，起牵头作用；②结构改善局负责农业结构调整、就业、土地业务、农山渔村规划、农业基本建设、改善农村生活条件等；③经济局主要负责调查统计、税务、农业金融、保险、进出口和国际合作、农协等的指导；④畜产局主要负责畜产品的生产、流通和消费以及技术改良等；⑤食品流通局主要负责农产品流通和消费、食品工业的监督指导以及参与制定有关农产品的价格政策等；⑥农蚕园艺局负责农业生产调整、提供农业生产资料、开展科普教育及为妇女提供生活指导等；⑦农林水产技术会议及其所属事务局负责农业科技开发、政策、事业的综合协调，管理国立农业科研机构等；⑧地方农政局负责综合性“内局”委托的各种业务，起着传送带的作用。

农林水产省全面负责农产品的生产、加工、流通、进出口以及农业生产资料的供应，对农业产供销实行一体化管理，综合运用经济、行政、法律等多种手段履行职能，并且能够根据经济发展的变化，不断地调整机构、转变职能，因此，取得了较高的工作效率。

二、支持农产品市场流通的法律保护体系

日本农产品市场流通、价格方面的法律，主要有《批发市场法》、《农产品价格稳定法》、《食品流通结构改善促进法》、《关于畜产品的价格稳定等的法律》、《主要粮食的供需及有关价格稳定的法律》等。

《批发市场法》对日本批发市场建设的基本方针、中央与地方批发市场建设计划、中央与地方批发市场的设立及条件审查、交易规则以及对批发业者的监督等都作出了明确的规定，目的在于有计划地促进农产品批发市场的建设、明确食品批发交易的规则、确保生鲜食品等的交易合理化及保障农产品批发市场的健康运营，从而实现农产品流通的顺畅。

《农产品价格稳定法》规定政府购买（或优先购买）、抛售重要农产品时的价格确定方法等，旨在"防止仅次于米、麦的重要农产品价格跌落于正常价格水平、确保农产品的生产和农民收入的稳定"。

《食品流通结构改善促进法》分别就食品制造业者、农协组织等从事食品加工、制造及销售活动的有关对策措施，从法律上明确了促进全国食品流通结构改善的主管部门是农林水产省，目的在于改善食品流通部门的结构，使其更加合理化，谋求食品流通机能的高度化，以保护消费者的利益，促进农林渔业的发展。

《主要粮食的供需及有关价格稳定的法律》对政府购买、储备、抛售及有目的的进口与出口，对政府以外的企业申报进出口粮食的数量等均做出了具体规定，确定了稳定小麦与稻米需求与价格的重点措施，目的在于确保国内粮食的有计划流通，粮食供求及价格的稳定，保护农民和消费者的利益。

三、通过设置高关税及非关税贸易壁垒保护本国农产品贸易

在关税方面，日本政府对进口的农产品和水产品征收了高额关税，征税品种多，约占80%，其中一半以上的农产品和水产品的关税税率超过了15%。不仅如此，日本政府还综合运用关税升级与关税配额，从价关税与从量关税，设置了复杂的关税计征方法，抬高贸易门槛。

在非关税贸易壁垒方面，主要采取了建立进口许可制度、立法禁止或限制进口、价格限制、数量限制和反倾销等措施。日本政府根据WTO《进口许可程序协议》制定了《进口控制法》，授权日本经济产业省负责进口许可管理，包括特别支付、配额管理、进口前许可等。在数量限制措施的运用上，考虑到部分农产品未纳入WTO管辖范围内，因此，日本对农、牧、鱼类产品采取了保护性数量限制。截至目前，日本仍对大米、豆类(大豆除外)、牛奶、花生、奶制品和海产鱼类的加工食品等实行进口数量限制。

四、为进口商品设置贸易技术壁垒

日本农产品标准分为质量标准和安全卫生标准两类，由农林水产省和厚生劳动省负责制定。截至目前，农林水产省已颁布了7类、351种农产品品质规格标准，厚生劳动省也对2000种农产品颁布了1000多个残留限量标准。质量标准是针对饮食食品或木质建材等物资的质量和标识，依据《农林物资标准化及质量表示规范化》而制定的规范管理的标准。安全卫生标准主要包括动植物疫病、有毒有害物质残留等。

《农林物资标准化及质量表示规范化》对有机农产品(食品)的标准、认证制度和栽培条件等作出了严格规定：蔬菜和稻米等

在播种前2年、果树和茶在收获前3年不得使用农药和化学肥料，有机农产品在加工食品中的比重必须在95%以上，同时也对肥料、土壤改良材料、农药、调节用的生产资料、可以使用的食品添加剂和药剂等作出了相应规定。

日本对进口农产品、畜产品以及食品等制定了非常严格的检验检疫制度。首先，由农林水产省下属的动物检疫所和植物防疫所对入境农产品从动植物病虫害角度进行检疫，对于用作食品的农产品，在接受动植物检疫之后，还要由日本厚生劳动省下属的检疫所从食品角度进行卫生防疫检查等。此外，对农产品进口产地也有严格规定，禁止从疫病发生地，农药、化肥使用种类和用量超出规定标准的产区进口粮食、蔬菜、水果等农产品。

严格的食品标准和认证制度，复杂的食品检验程序，实际上为农产品进口设置了贸易技术壁垒。

五、日本加入WTO后的农产品流通保护政策

1984年开始，日本成为世界上最大的食品进口国，其国内食品消费量的60%来自进口（尽管日本食品消费大量依赖进口，但日本居民消费的口粮始终基本自给），1990年，日本农产品纯进口额达275亿美元，居世界第一位。日本是世界上少数几个对本国农业保护时间最长、保护程度最深的国家。

(一)日本农业保护政策的发展历程

日本于1955年加入“关贸总协定”，也就是现在的世界贸易组织(WTO)。针对日本政府高度保护农业的问题，20世纪60年代起，美国等一些西方农业发达国家强烈要求日本开放国内农产品市场。为了最大限度地继续保护本国农产品市场，扶持农业的发展，日本政府与这些国家进行了旷日持久的谈判，直至1994年在“乌拉圭回合”谈判中达成“乌拉圭农业协定”，也就是WTO《农业

协定》,日本政府一直采取了高度保护农业的政策。

第一阶段:1955 ~ 1994 年, 日本政府直接管制农产品的对内对外贸易,采取了一系列强有力的措施支持与保护本国农产品流通与贸易。主要表现在:

(1)对粮食流通和价格管理经历了高度集中统一、逐步放松管制、引入竞争的发展过程。第二次世界大战前后,日本对粮食流通实行的是政府"直接管制"的管理体制;20 世纪 50 ~ 60 年代,进入"全量管理、直接管制"时期,即农民待售的大米由政府全部收购和销售,价格也由政府决定,大米的市场流通受到了政府的直接管制,结果就是粮食供求失衡,政府财政负担加大;20 世纪70 ~ 80 年代,为利用市场调节粮食供求、减轻财政负担,日本政府开始逐步放松管制,引入竞争,进入"部分管理、间接统制"时期,如,1969 年引入"自主流通米制度",1972 年将大米的收购政策由"全量收购" 改为 "预约限量收购",1981 年取消粮食配给制度,1990 年设立"自主流通米价格形成机构",通过市场招标、竞买方式,形成大米批发的全国指导价格,作为大米交易的价格基础。

(2)对国内主要农产品生产给予巨额的价格补贴。早在1971 年, 日本政府仅对大米的价格补贴就高达 4633 亿日元。20 世纪 80 年代以来, 政府对农业补贴的额度始终保持在 4 万亿日元左右。1985 年,日本农业预算占到了当年农业总产值的 22.8%,每公顷耕地农业预算额约为 3720 美元,是同期美国的 9.1 倍、英国的 5.7 倍、德国和法国的 4 倍。20 世纪 80 ~ 90 年代,日本按人均计算的农业预算额,仅次于法国,是世界上农业补贴最高的国家之一。

(3)实施了渐进的农产品贸易自由化政策。以 1960 年"自由化计划大纲"和 1961 年"农业基本法"为标志,日本政府开始在农业领域推行渐进的贸易自由化政策,即在继续对农业进行干预和保护下,有限度地允许极少量的农产品贸易自由化。20 世纪 70 年代初，日本加快了农产品贸易自由化的步伐，到 1974 年，日本限制进口的农林水产品已由 1966 年的 74 种减少到了 22 种。迫于欧美等发达国家的巨大压力，日本进一步开放了国内农产品市场，1991 年 4 月，日本开始对牛肉、柑橘等 12 种农产品实行高关税下的进口自由化。1993 年 12 月，"乌拉圭回合"农业协议允许日本对大米实施"特别措施"，至此日本农业才基本纳入了 WTO 规则的框架。

第二阶段：1995～2000 年，日本在 WTO 农业协议下不断调整农业支持保护政策。

为适应 WTO 农业协议要求，日本于 1995 年开始不断调整农业支持保护政策，突出表现在：逐年降低农产品关税，减少农产品价格补贴，对农产品的保护形式由过去的以支持生产流通为主转变为以支持提高农民收入、促进农业结构调整为主等 WTO 农业规则允许的政策上。具体地，一是逐步取消农产品进口的非关税壁垒，使之关税化，并逐年降低农产品关税；二是调整财政支农的投入重点，将支持措施尽可能地限定在 WTO 规则允许的"绿箱"政策范围内；三是最大限度地利用 WTO 规则要求逐年削减的"黄箱"政策，继续干预农副产品的价格形成机制，实施新的价格支持政策；四是修改制定新的农业法规，提出下一轮 WTO 农业谈判的提案，寻求建立适应 21 世纪发展的新的农业支持体系。

（二）加入 WTO 后日本的农业支持保护体系

（1）主要农副产品关税化。日本承诺至 2000 年农产品平均关税率降至 12%，但不同品种的减让幅度差别较大。如，1995～2000 年，牛肉关税从 50%降至 38.5%；鲜橙从 40%降至 32%；小麦、大麦、乳制品等 6 年内实现关税减让 15%。大米被允许实施"关税特别措施"，至 2000 年最终关税率为 490%，大米进口量占其国内消费量的比重应从 1995 年的 3%提高到 2000 年的 5%，也就是说，大米年进口量要从37.9万吨增加到72万吨,6年间大米实际进口量在338万吨左右,大米仍然受到了较大程度的保护。

(2)将对农业的支持与补贴限定在WTO"绿箱"政策允许的范围内。日本从1995年开始较大幅度地调整了农业支持方式,由以补贴农业生产和流通环节为主转向支持农业的公共性服务、农业基础设施建设以及农业生产结构调整等"绿箱"政策允许的范围内。1997年,日本政府在"绿箱"政策范围内用于农业补贴的资金达220亿美元,一方面,重点支持了农业基础设施建设、农产品批发市场建设、农业技术研发与普及推广、动植物防疫与检疫、重要食品(主要是大米、大豆、小麦和饲料谷物)的公共储备及国内的食品援助(主要是学校用米);另一方面,补助农业生产者以提高其收入,进行农业灾害救济,以及资助农民调整生产结构等。这些"绿箱"政策补贴占到了政府当年农业预算的90%。

(3)最大限度地利用WTO规则要求逐年削减的"黄箱"政策。日本政府主要以进口加价或提高国内批发价格的方式,抬高农产品在国内市场的销售价格,使其远高于进口平均价,间接地保护本国农业生产和农民的利益。1995年以来,"黄箱"政策涉及到的价差收益("黄箱"政策的直接补贴在财政补贴中所占的比重很小)甚至超过了"绿箱"政策。1997年,日本政府当年提供的"黄箱"政策补贴为271亿美元,农民从大米、麦类、肉制品、牛奶等主要农产品国内外价差中获得的收益高达254亿美元,占到了"黄箱"政策的93.6%;而由财政直接支付的农业生产补贴仅有17.3亿美元,占"黄箱"政策的6.4%。以大米为例,在调高国内米价减轻财政负担的同时,为控制大米进口,日本政府于1995年开始采取竞标的方式确定大米的市场价格,也就是说,大米批发业者要想从民间进口商处购进大米,必须通过竞标,出价最高者才允许购进,政府则据此来确定大米的批发价格和销售价格。如1998年,在大米进口平均价仅为8～19万日元/吨（进口大米的价格因类别、国别、投标时间的不同而存在差别）的情况下，市场销售价却高达24～27万日元，到2000年，日本大米国内销售价比进口平均价高4.9倍，其中，小麦高2.1倍，大麦高1.9倍。调节农产品内外价差增加农业生产者的收益，是日本在入世后运用较多的国内保护手段。

（4）不断调整农业农村政策适应WTO规则要求。主要有：一是1995年1月开始实施的《关于主要粮食供需平衡及价格稳定的法律》，即《新粮食法》，标志着日本的粮食流通管理体制进入了建立在国家宏观调控基础之上、以民间流通为主、"部分管理、间接统制"的新时期；二是1997年出台了新的《大米流通法》，改进了政府米与"自由流通米"的价格形成机制，减少了对粮食流通的直接补贴；三是1999年7月开始实施《食品、农业、农村基本法》，即《新农业法》，更加重视粮食安全问题，强调农业的多功能性和农业的可持续发展；四是2001年政府通过了《农业经营政策大纲》。确定发展规模经营提高农产品价格竞争力、推广无化肥农业、改善农产品销售与流通是日本今后农业发展的重点目标；五是提出新一轮WTO农业谈判方案，基本精神是：关注农业的多功能性，确保食品的安全稳定，促进农产品进出口国贸易规则的平衡，关注发展中国家的农业利益等，到2010年，实现国内食品生产、进口及储备的稳定平衡，将食品自给率由40%提高到45%。

第六节 金融部门在农产品贸易与市场流通中的作用

一、日本金融体系概况

(一)日本金融体系的构成

日本金融体系由中央银行、民间金融机构、政策性金融机构组成,形成了以中央银行为领导、民间金融机构为主体、政策性金融机构为补充的发展模式。

中央银行是日本银行,成立于1882年10月,资本金为1亿日元,其中,政府持有55%,民间持有45%,民间持股者只有分红权,没有经营管理权。政策委员会是日本银行的决策机构,由总裁、大藏省代表、企划厅代表、城市银行及工商、农业界代表等7人组成。日本银行具有较强的独立性,基本任务是根据国民经济的要求,调节通货、信用以及实施金融政策,官定贴现率、准备金率、公开市场业务、窗口指导等是其经常运用的政策手段。

民间金融机构包括普通银行(城市银行和地方银行)、长期信用银行、外汇专业银行、信用金库、信托银行以及相互银行、商工组合中央金库、信用协同组合、农林中央金库、保险公司、证券公司等。日本的普通银行相当于英国和美国的商业银行,在日本金融体系中居于主体地位。

政府金融机构包括邮政储蓄、政府银行和公库、资金运用部、海外经济合作基金以及政府有关融资事业团。邮政储蓄将吸收的民间闲置资金提供给资金运用部,政府将邮政储蓄资金、国债发行收入、财政特别会计资金以及简易保险资金,通过政府金融机构向民间企业提供长期的低利率贷款。“二行九库”是日本主要的政府金融机构,政策性金融活动基本上都是通过该机构开展的。

（二）日本金融体系的特点

日本实行专业分工的银行制度,其金融体系特点在于,金融机构之间有着严格的业务领域限制,不能进行交叉经营。主要表现在:其一,银行业务与非银行业务分离,普通银行不得从事信托业务,只能由信托银行以及从事兼营业务的普通银行的信托部门来办理;其二,直接金融与间接金融分离,普通银行、长期信用银行、信托银行、信用金库、相互银行等从事间接金融业务的机构不得兼营证券业务,证券业务只能由专门的证券公司等直接金融部门经营;其三,商业性和政策性金融既在机构上分立、业务上分离,又相互配合,商业性金融机构以盈利为目的,利润为导向,政策性金融机构以贯彻政府政策为目的,促进宏观经济均衡增长为导向;其四,长期金融业务与短期金融业务分离,这种分离不是由法律强制实施的,而是通过设立长期信用机构专门开展长期金融业务,只允许普通银行吸收2年期以下的定期存款,在客观上限制了普通银行经营长期金融业务的能力以实现长短期金融业务的分离。

二、日本的合作金融组织发展概况

日本的农村信用合作组织分为农林中央金库、县信用农业协调组合联合会和综合农协三级机构。其中,农林中央金库是中央级机构，是农林渔系统的信用合作组织，可以直接办理存款、放款、汇兑、委托代理、外汇等业务,发行农林债券;县信用农业协调组合联合会是中层机构，负责调剂基层农协之间的资金余缺,并将剩余资金存入农林中央金库;综合农协(包括农业协同组合、渔业协同组合和森林协同组合)是基层机构,直接对农户开办信用业务,兼营保险、生产资料购买、农产品销售等业务。大藏省负责对农村合作金融组织进行监督。全国农业信用组合联合会由各都府县信用农业协调组合联合会与农林中央金库共同参加，不办理信贷业务，只是为会员提供情报，是一个行业协调组织。

（一）日本农业协同组合金融系统构成

日本农业协同组合主要通过将会员手中的剩余资金组织起来，以会员为服务对象开展信贷业务。日本农业协同组合最早是按照行政区域（各行政区的行政长官对农业协同组合金融机构只有指导权和监督权，没有领导权）设置金融机构的，分为基层协同组合、都道府县的信用联合会和中央农林中央金库。为提高效率、降低费用，日本农业协同组合采取县级联合会与全国联合会进行合并办法，将“基层—县—中央”三级结构转变为了“基层—中央”的二级组织体系。到 2000 年 4 月，日本农业协同组合已完成 47 个县级联合会与全国联合会的合并。

日本农业协同组合的三级金融机构在经济上实行“独立核算、自主管理”，其会员构成及业务范围差异较大，主要体现在：

（1）基层农协金融机构——综合农协。由市、町、村的农民、其他居民和团体入股构成，除从事信贷业务外，还兼营保险、供销等业务。

（2）中层农协金融机构——信用农业协同联合会。由综合农协、本地区农业协同组合的县一级其他事业联合会以及非农协的其他农业团体入股构成，农业协同组合团体代表大会是其最高权力机构，在都、道、府、县设有 47 个机构，只能从事信贷业务，不能开展保险、供销等其他金融业务。

（3）最高农业协同组合金融机构——农林中央金库。由农业信用联合会、渔业信用联合会、森林组合联合会及其他相关农林水产团体入股构成。总库在东京，在大阪、名古屋、札幌、甲府、长野、广岛、鹿儿岛、山形等地设有 36 个分支机构。主要从事存款、贷款、汇兑、外汇等业务，发行农林债券，吸收社会资金发放中长期贷款等。

(二)日本农业协同组合金融活动的特点

一是资金主要用于发展农业生产，提高农民生活水平；二是不以盈利为目的，旨在为农业协同组合成员服务；三是贯彻国家的农业政策，代替国家发放扶植的农业贷款等。

(三)农业协同组合金融系统在日本战后农业和农村经济发展中的作用

20世纪50年代，面对农村经济对资金的巨大需求，日本政府采取加大立法力度、强化依法管理、加强财务监督等一系列措施，支持和推动农业协同组合金融的发展。此外，日本政府还向农业协同组合增拨财政资金以弥补农民投资的不足。1953年，农林渔业金融公库成立，专门向农业提供长期低息贷款，经农业协同组合金融系统向农业发放的贷款占到65%，有力地支持了农业的恢复和农村经济的发展。

20世纪60年代以后，日本农村经济发展出现了一些新的变化，农村资金除满足农民和农业自身需求外，还有所富余，面对这种情况，农业协同组合金融机构随之调整了业务范围，除继续向农业协同组合成员发放低息贷款，支持农业生产外，还吸收农民和居民存款，并在系统外寻找资金运用途径，帮助农民解决富余资金的出路难题，成为以提供储蓄服务为主营业务的金融机构。

三、日本的合作金融组织在农产品贸易与流通中的作用

(一)基层农协提供的金融服务

(1)金融服务的对象以会员为主。按照《农业协同组合法》，农业协同组合主要是吸收会员的活期和定期存款，根据会员生产和生活中的资金需要，发放贷款，不以盈利为目的，贷款原则上以会

员为对象，会员贷款不需要提供担保。在资金存在富余又不影响会员利益的前提下，基层农协也可以向非会员发放贷款。

(2)存款利率高于普通银行，以利于农业协同组合吸收资金。农业协同组合储蓄发展迅速，一方面得益于《临时利率调整法》，该法允许基层农协以高于普通银行的存款利率吸收资金；另一方面，农业协同组合金融机构网点众多，遍布农村，服务工作细致周到，采取多种措施方便群众，经常组织农业协同组合干部和职工走访农户，坚持常年登门服务，保证群众存取方便。此外，农业协同组合还要求会员农户将农产品销售款，以及从农业协同组合分到的全部或部分利润存入农业协同组合。这就造成了农业协同组合存款的快速增长。

(3)长期贷款比例增加，贷款用途多样化。向农户发放贷款是基层农协的一项主要业务。20世纪60年代以前，农业协同组合以发放短期贷款为主，随着农业协同组合资金的不断充裕，长期贷款比例逐渐增加。农户向农业协同组合申请贷款的用途不仅仅局限于农业生产，只要农民有贷款需求，都可以向农业协同组合贷款。贷款种类主要有：农业周转资金贷款、工商业周转资金贷款、生产性设备资金贷款、非农业生产投资贷款、生活资金贷款、消费型的房屋建设改造贷款以及耐用消费品添置等长期贷款。

(4)农业协同组合剩余资金的运用受到限制，目的在于确保资金安全。根据《农协财务处理基准令》的规定，农业协同组合的剩余资金可以用于以下三个方面：购买有价证券或者作金钱信托，以获取可靠收益；转存于本县的信用农协组合联合会，以供本系统的使用；进行同业拆借和系统外贷款。

(二)县级信用农业协同组合联合会提供的金融服务

县级信用农业协同组合联合会在基层农协和农林中央金库之间起桥梁纽带作用。其存款主要来自基层农协的转存款，贷款对象以基层农协和农户会员为主，通过办理存款业务在农协之间进行资金的余缺调剂，同时加强对市、町、村农村金融工作的领导。20 世纪 70 年代以后，县级信用农业协同组合联合会对系统外的贷款有上升的趋势。

（三）农林中央金库提供的金融服务

农林中央金库最初是一个半官方组织，由政府和民间共同出资设立，1959 年，农林中央金库偿还了全部政府出资，成为纯粹的民间专业金融组织。农林中央金库的存款主要是县信联的转存款，存款利率高于一般存款，还额外地支付系统利用奖励金。农林中央金库的业务主要包括金库自身业务和代理政府业务，前者包括对会员单位的存款、贷款、汇兑业务和农林债券的发行业务；后者主要是粮食收购款的代理支付和农林渔业公库的委托放款业务。在资金充裕的情况下，农林中央金库经主管大臣批准还可以向农业相关企业发放短期贷款。农林中央金库及其支库与全国农业信用组合联合会组成了一个覆盖全国的农协汇兑网络，为其所属团体办理汇兑业务。此外，农林中央金库还开展委托代理业务。在经营规模上，农林中央金库已经成为了日本最大的银行。

第五章　欧盟农产品贸易与市场流通

第一节　欧盟农业发展概况

一、欧盟地区经济发展概况

1993年,《欧盟条约》生效,欧洲联盟正式成立,简称欧盟,其前身是欧洲共同体。欧盟成立后经历了5次扩大,2004年5月1日,欧盟成员国达到了25个。目前,欧盟的地域范围北起北冰洋、南抵地中海、西起大西洋、东至波罗的海,总面积399.4万平方公里,占欧洲的39.1%,人口4.51亿,占欧洲的61.3%,是排在中国与印度之后的全球第三大人口居住地区。

欧盟区域内部各国之间的发展很不均衡，尤其是欧盟扩大后，国家之间发展不平衡的问题就更为严重了。以2002年人均GDP为例,卢森堡是欧盟最富的国家,其人均GDP是欧盟平均水平的20倍。丹麦、英国、德国和法国也分别比欧盟高出63%、36%、22%和18%。比较而言,捷克、拉脱维亚、爱沙尼亚、斯洛伐克、波兰和立陶宛等10个新成员国的人均GDP还不到欧盟的一半。按人均GDP和就业率划分,欧盟可以分为中心区域和边缘区域,中心区域从英国北约克郡、伦敦,经法国北部、荷兰、比利时、德国汉堡等地,形成一个经济水平最高、发展速度最快的地带,其形状像个香蕉,俗称"蓝香蕉带"。

二、欧盟农业发展概况

欧盟耕地面积最多的时候占到过总面积的50%以上，近年来耕地面积不断减少，目前耕地面积只占47%，与此同时，欧盟的经济结构也在不断发生着变化，农业在国内生产总值中的比例逐步减小，由1960年的8.8%降至1990年的3.0%。在农业生产总值比例减少的同时，农产品和畜产品的产量却在不断提高，如1986年鲜奶的产量较1974年增长了26%。此外，欧盟的黄油、奶粉、谷物、葡萄酒等的产量也都超过了消费量，其中，谷物超产1300万吨，葡萄酒超产1900万吨。欧盟内部大部分农产品自给有余，谷物、新鲜蔬菜和肉的自给率分别达到了111%、106%和102%。新鲜水果、柑橘、羊肉以及动物脂肪和植物油等农产品的产量不足，仍需进口。

（一）主要农产品产量（表5-1）

（1）谷物。1988～1990年，欧盟的谷物平均年产量为16417万吨，占世界谷物总产量的8.8%。

（2）蔬菜和水果。西红柿是蔬菜中产量较大的品种，1988～1990年，年均产量在1248万吨左右，苹果是水果中产量较大的品种，年均产量为817万吨。

（3）植物产品。1988～1990年，欧盟平均每年生产甜菜9955万吨，土豆3921万吨，白糖1378万吨，葡萄酒17454万公升，分别占世界同类产品的32.3%、14.4%、14.1%和61.8%。

（二）主要畜产品产量

（1）牲畜存栏数。根据联合国粮农组织统计，截止1990年12月，欧盟牛的存栏数已经达到7967万头，占世界的5.7%，其中，奶牛2301万头，占10.2%；羊的存栏数达到11374万只，占世界的6.5%；猪的存栏数达到10071万头，占世界的11.8%。

表 5-1 欧盟农、畜产品生产情况 **单位:万吨**

	1988 年	1990 年	1991 年	1992 年	1993 年	1993 年占世界百分比(%)
谷物	176302	172522	183698	171125	165877	8.7
小麦	78560	84704	90841	85009	81045	14.4
稻米	1943	2242	2188	2220	2059	0.4
杂粮	95799	85573	90669	83896	82772	10.3
玉米	29094	22604	27238	30158	27992	5.9
大麦	54393	50564	51515	43341	43288	26.7
块茎植物	52503	46320	42662	47367	44317	7.6
土豆	52503	46320	42577	47282	44233	16.2
豆类	5559	6003	5259	5273	5453	9.7
蔬菜瓜果	49498	51802	51452	51163	51074	11.1
水果	53924	55729	49170	62691	58390	15.9
葡萄	23890	26861	24111	28716	27496	46.2
柑桔	8793	8960	8849	9958	9615	11.9
香蕉	457	470	421	410	412	0.8
苹果	10164	8922	6372	10646	8611	21.3
坚果	767	788	840	864	826	18.4
液状油	5538	5682	6625	5849	5836	7.2
固态油	7180	7881	8149	7033	6511	4.3
粗砂糖	15347	16924	15725	16924	16545	14.9
植物纤维	493	413	413	439	452	1.9
皮棉	354	283	296	333	340	1.9
烟草	416	438	447	458	417	5.2
肉类	30590	31289	31640	31459	30176	16.2
奶类	121194	120646	116636	114919	114283	22.0
鸡蛋	5163	5010	5006	4812	4778	13.0
含脂羊毛	190	201	197	193	197	7.3

(2)肉制品。1989 年,欧盟肉类产量为 3023 万吨,占世界肉类总产量的 17.7%,其中,牛肉、猪肉、羊肉的产量分别为 734 万吨、1313 万吨、108 万吨,在世界产量中的比重分别为 14.5%、19.4%、11.9%。

(3)乳品和禽蛋。1989 年,欧盟牛奶产量达 11065 万吨,占世界牛奶总产量的 23.5%,黄油、奶酪、禽蛋的产量分别为 173 万吨、481 万吨、472 万吨,占世界产量的 22.6%、33.4%、13.3%。

(三)渔产品

欧盟是世界第四大产鱼区，年均捕鱼量在 700 万吨左右,排在日本、独联体和中国之后,这三个国家的年均捕鱼量在1200 万吨、1100 万吨和 800 万吨。丹麦和西班牙是欧盟中产鱼量最大的国家，仅这两个国家的捕鱼量就占到了欧盟捕鱼总量的一半左右。欧盟捕捉的鱼以工业用鱼为主,主筋鱼、鳕鱼、鲱鱼和鲭鱼的年捕获量在 90 万吨、45 万吨、40 万吨和 35 万吨左右。欧盟每人年均消费 14.5 公斤鱼,1992 年的人均消费量为 22.7 公斤鱼,较全球 13.3 公斤的人均消费量多了 70%。1989 年,欧盟捕鱼量为 540 万吨,占世界总产量的 5.6%,进口 582 万吨,出口 311 万吨。1992 年,欧盟进口渔产品 378 万,出口渔产品 140 万吨,进出口量较 1989 年均有所下降。

第二节　欧盟的共同农业政策及其作用

一、欧盟的共同农业政策

(一)欧盟共同农业政策的内容

1957 年,欧洲联盟的 6 个创始国在签订《罗马条约》时明确规定要在欧盟范围内实施一项共同农业政策，旨在促进农业生产、保障农民收入、保证市场供应以及对消费者的合理价格,价格支持制度是欧盟共同农业政策的核心。1962年,欧盟建立了“欧洲农业指导与保证基金”(以下简称农业基金),从财政上为共同农业政策的实施提供保证,进行价格支持。为促进农产品出口,欧盟为农产品提供了出口补贴,尽可能地使欧盟出口的农产品价格低于世界农产品价格水平,这套价格支持机制主要由目标价格、干预价格和门槛价格三部分内容构成。

目标价格:每年年初由欧盟部长理事会确定,是农民希望得到的基本价格。当农产品供大于求时,实际市场价格将低于目标价格,当实际市场价格降至某一点时,欧盟将以事先确定好的价格即干预价格收购农产品,以维持农产品市场价格的稳定。

干预价格:一般比目标价格低10~20%,是欧盟农产品的最低保证价格。

门槛价格:为进口农产品制定的最低价格。如果农产品的进口价格低于欧盟的目标价格,欧盟将根据差额对进口农产品征收关税,以使农产品的进口价格提高到欧盟内部的价格水平。

欧盟的共同农业政策将欧盟生产的农产品划分为若干大类,每一类农产品由一个市场组织管理,这种共同市场组织目前有20多个。欧盟的价格支持机制正是通过一系列共同市场组织对农产品的吞吐、储藏等活动来实现的。

(二)欧盟共同农业政策的形成

欧盟共同农业政策是在欧共体共同农业政策的基础上形成的。欧盟共同农业政策的演变以1992年为界大致分为欧共体共同农业政策阶段与欧盟共同农业政策阶段。

第二次世界大战后,为了实现欧洲重建,1949年成立的欧洲委员会希望通过西欧国家的经济一体化,实现政治一体化。1957年3月,意大利、法国、比利时、联邦德国、卢森堡和荷兰6国签订了《罗马条约》,欧洲经济共同体诞生。经济一体化引发了对农业一体化的要求，欧盟希望通过广泛合作，实现成员国之间的利益平衡，达到共同的经济福利目标。因此，在向工业品关税同盟过渡的第一阶段结束后，在法国的提议下，1962 年 1 月，欧共体六国通过《建立农产品统一市场折中协议》，这个协议就是欧共体共同农业政策的最初框架。

（三）欧盟共同农业政策的目标

考虑到欧盟成员国多是农产品净进口国，因此，欧盟共同农业政策的主要目标是：一是稳定农产品市场，保障供应的可靠性；二是促进技术进步，保证农业生产的合理发展和对所有生产要素特别是劳动力的最佳利用，提高农业生产率；三是为消费者提供价格合理的农产品；四是不断增加农业劳动者的收入，使农业劳动者能够保持合理的生活水平。可以看出，欧盟共同农业政策的目标包括市场目标、收入目标和供给目标三部分内容。

（四）欧盟共同农业政策的原则

为了协调欧盟内部国家之间的利益，确保共同农业政策目标的实现，欧盟制定了以下原则：一是优先原则，即实行进口征税、出口补贴的双重体制。当农产品的进口价格低于欧盟的内部价格时，对进口农产品征收关税，而当农产品的出口价格高于世界市场价格时，则对出口农产品实行价格补贴。控制成员国从欧盟外部进口农产品，以减缓世界市场波动给欧盟成员国带来的影响。二是市场统一原则，即逐步取消欧盟成员国之间的关税，实现欧盟内部成员国之间商品、劳动力和资本的自由流通，协调成员国之间的防疫、兽医制度等，制定共同的经营法规、竞争法则和价格等。三是价格和预算统一原则，即制定统一的农产品价格和财政预算，由各成员国缴纳一定的费用设立欧洲农业指导金和保证基金，用以对农业进行补贴，支持欧盟的农业发展。

（五）欧盟共同农业政策的特点

“对外实行贸易保护，对内实行价格支持”是欧盟共同农业政策的特点，具体措施有市场干预、统一价格、出口补贴和差别关税等。在市场干预方面，通过价格支持、配额等措施干预农产品购销，调节农产品生产与流通；在价格制定方面，由欧盟理事会统一制定目标价格、干预价格和门槛价格，维持农产品市场价格的稳定，以保护生产者和消费者的利益；在对外贸易方面，在利用差别关税等措施限制外部廉价农产品进口的同时，通过出口补贴促进欧盟内部剩余农产品的销售。

（六）欧盟共同农业政策实施效果

20世纪90年代初，谷物、水稻、水果、蔬菜、糖、烟草、酒类、肉、蛋、牛奶、油料、动物脂肪和植物油等13个类别的农产品不同程度地受到了欧盟共同农业政策的管辖，占到了欧盟农产品生产的96%以上。从政策目标看，欧盟共同农业政策的实施在增加农产品供给、稳定农产品市场和价格、提高农业劳动生产率等方面确实起到了积极的作用，但面对农产品剩余的大量出现，欧盟为促进农产品出口与销售，采取了一系列的价格支持与补贴措施，极大地增加了欧盟的财政支出，致使欧盟为此付出了很高的代价。

二、欧盟共同农业政策的调整与改革

（一）欧盟共同农业政策的调整与改革历程

1962年，在农产品自给率仅有85%的情况下，欧盟启动了旨在鼓励农业生产的共同农业政策。到20世纪60年代末，欧盟主要农产品开始出现供过于求，欧盟于1968年提出《曼斯霍尔特计划》，旨在通过减少农地和农业劳动力，限制生产、提高农业劳动生产率，将退出的农地用于植树造林、自然公园和娱乐休闲用地，将农业劳动力转入其他部门就业。但计划实施的效果并不理想，到1989年，欧盟农业劳动力只减少到了760万，农户平均规模也只扩大到了23公顷，远低于农业劳动力缩减至500万、农户平均规模扩大到80~120公顷的目标，计划并未触及共同农业政策的关键——价格支持制度。

20世纪70年代末，在英国政府强烈要求返还部分缴款的情况下，1980~1981年，欧盟委员会开始考虑取消对市场供求严重失衡的农产品的保证价格，要求农民也要负担一定的成本，同时考虑缩小谷物等农产品与世界市场价格之间的差距。这些主张基本上仍以价格调节为主，并未强调限制欧盟整个的农业开支和生产，结果仍是农业支出的不断增加。

1988年，新的《农业财政指南》出台，规定1988~1992年“农业指导与保证基金”中的保证部分（保证部分约占整个基金的95%，主要用于价格支持）支出的增长速度不得超过欧盟GDP增长率的3/4，也就是说该项支出在欧盟总预算中的比重应从62.4%下降至56.1%。

1992年开始，欧盟又引入了降低农产品保证价格、对农地退耕生产者进行直接资助以缓解其收入下降的新措施。改革目标旨在降低农产品的价格支持水平，控制农产品生产和财政预算开支的过度增长，进行国土整治和保护环境等，增强农产品竞争力，促进农村发展。改革的关键在于由以价格支持为主过渡到价格支持和直接补贴并举。具体措施包括：其一，降低价格支持水平，控制生产，在三年内，将粮食和牛肉的价格分别降低29%和15%，使其接近国际市场水平，在现有耕地面积基础上削减15%的谷物耕种面积；其二，对生产者提供收入支持，根据不同地区的平均单位面积产量，对削减耕地的农业生产者按照种植面积给予补贴，增加对畜牧业粗放经营者的补贴；其三，支持农业结构调整的政策，如,建立鼓励保护环境的基金,对55岁以上的农业生产者实行提前退休制度,扶持山区和条件差的地区发展农业等。

欧盟共同农业政策的改革覆盖了75%的农业生产，到20世纪90年代中期,欧盟在缓解农产品生产过剩、减轻财政负担等方面取得了较好效果:一是谷物公共储备数量大幅减少,从1993年的3000万吨下降到了300万吨;二是休耕措施的成功运用,有效地遏制了农产品产量的增加;三是农业补贴支出在欧盟总支出中的比例大幅下降,由1988年的64.2%减少到了1996年的50.5%。但欧盟对农业的支持水平仍然居世界前列。

面对来自美国和凯恩斯集团的压力以及WTO新一轮农产品贸易谈判的需要,欧盟委员会于1999年通过了《欧盟2000年议程》,这是共同农业政策制定以来力度最大的一次改革,在强调继续采取市场和收入政策增强欧盟农产品竞争力的基础上,突出了农业的多功能性和可持续性。议程限定欧盟在2000~2006年内的农业预算总支出不得超过2800亿欧元，同时对主要农产品的价格补贴削减水平做出了具体规定:谷物和其他重要农作物的价格支持水平降低15%,播种面积减少10%,损失的50%由欧盟补偿;牛肉的价格支持水平分三个阶段降低20%,饲养者85%的损失由欧盟以直接收入补贴的方式给予补偿;奶制品分三步将价格支持水平降低15%,农民收入损失的65%由欧盟补偿。同时,还设立了农业指导与保证基金、渔业生产指导财政基金、地区发展基金、社会基金四种结构基金,以减少有害肥料和农药的施用,用于对基础设施差、劳动力技能水平低的贫困地区和生态脆弱地区、植树造林等进行补贴。

2002年7月的共同农业政策改革方案以及2003年1月27日的共同农业政策改革计划对《欧盟2000年议程》进行了进一步的强化和细化,主要内容是:其一,在补贴依据上,摒弃“有生产即有补贴”的做法，由对农业生产的补贴改为对农民收入的补贴，即支持“人”而非支持“物”；其二，对农民的补贴每户每年不能超过30万欧元，并以每年 3 %的速度递减；其三，在发放农业补贴时，要充分考虑到食品安全、产品质量和环境保护等问题；其四，逐步缩减农业生产规模，降低农产品价格，使之接近世界市场价格。

（二）欧盟新共同农业政策改革措施

2003年6月，比利时、奥地利、德国、丹麦、意大利、爱尔兰、葡萄牙、卢森堡、英国和瑞典等10个欧盟成员国达成新的共同农业政策改革方案，并于2005年1月开始实施。新的改革方案完全转变了欧盟以往的农业补贴方式，采取了不与产量挂钩的补贴措施，着力于支持农民结合市场需求自主生产，并将“单一农业支付”的新措施与食品安全、环境保护和动物福利标准结合起来，通过减少对大农场的直接支付，为农民实施环境保护、质量标准和动物福利提供更多的资金支持，以增强农产品竞争力，使农业生产更具市场导向性，同时稳定农民的收入。新共同农业政策改革的重点包括：

（1）不与产量挂钩的单一支付计划（以下简称“单一支付”），可用作维持生产。

（2）单一支付与食品安全、环境保护以及动植物卫生和动物福利标准相关联，并给予充足的资金支持，要求农田保持较好的生产及环境条件，帮助农民使其农产品达到欧盟2005年的产品标准。

（3）单一支付计划适用于谷物、肉类以及奶业。2006年，烟草、橄榄油和棉花行业也将执行该计划。2005～2007年，欧盟成员国将陆续全面执行单一农业支付计划。法国、芬兰、希腊、西班牙和荷兰于2006年执行，斯洛维尼亚和马耳他两个新成员国于2007年开始实施。到2009年，欧盟25个成员国将全面执行该计划。

(4)减少对大农场的直接支付,为新的农村发展政策提供资金支持。

(5)建立"财政规章"机制,限定经费使用的最高额度。

此外,欧盟的其他八个新成员开始采用"单一区域支付计划",统一了每公顷应享受的补贴标准,并将其纳入受援地区的财政计划。

(三)欧盟共同农业政策调整和改革的特点

其一,欧盟农业支持的方式由直接价格支持为主转变为价格和直接收入支持,并通过不断地降低价格支持水平,限制获得价格支持的农产品数量,将收入支持与价格支持脱钩等,将共同农业政策的预算费用负担由食品消费者转向纳税者,增强了财政支持支出的透明度;其二,欧盟的国内价格支持和农产品出口补贴扭曲了国际农产品市场价格,贸易自由化成为推动欧盟不断调整和改革其共同农业政策的外部压力;其三,减轻财政补贴的巨大负担,提高农产品在国际市场上的竞争力是欧盟调整和改革其共同农业政策的内在要求;其四,欧盟共同农业政策调整和改革更加突出了非贸易关注和农业多功能性,如,环境保护、就业支持、保护消费者利益等对整个欧洲地区社会经济发展的积极作用。由此可以看出,欧盟共同农业市场的开放程度主要取决于欧盟内部不同国家或利益集团之间的讨价还价,以及最终达成的利益均衡。

(四)欧盟共同农业政策受到普遍关注的原因

欧盟共同农业政策是推动欧洲一体化起步并不断发展的重要因素之一,它在通过政府干预维持成员国之间长期利益平衡的同时,隐含着一系列难解的矛盾,并随着内外部环境的变化不断地进行调整和改革。近年来,欧盟共同农业政策之所以普遍受到关注,其原因在于:其一,农业是欧盟的战略基础产业,不仅直接涉及到农业生产、农村发展和农民收入，而且关系到国家根基、生态环境和食品安全，因此，共同农业政策就显得十分重要；二是农产品共同市场有别于工业品共同市场，对内要消除成员国之间的关税和其他限制，实现农产品自由流通，对农产品市场实行统一的价格管理和支持制度，对外则实行严格的贸易保护；三是欧盟共同农业政策涉及面广，不仅关系到所有成员国及其公民甚至关系到外部世界——包括生产者、经营者、消费者、贸易伙伴等多方利益，因此，如何协调不同主体之间的利益就显得十分困难。目前，农业 GDP 仅占欧盟 GDP 的 1.8%，吸纳了 4.5%的劳动力，农业问题在 20 世纪 60 年代中期耗去了欧盟部长理事会 70%的时间，95%的欧盟财政总预算，至今在欧盟预算支出中的比例仍占到了 45%，极大地限制了欧盟在其他领域的行动能力。

三、欧盟共同农业政策改革动因

第一，欧盟用于农业的支持和补贴额度巨大，财政不堪重负。1962 年，欧盟农业基金建立，1971 年之前是按《罗马条约》规定的财政分摊比例向各成员国直接征收，1971 年后新的财政规则将农业基金纳入了欧盟总预算，列为欧盟的专项开支之一，农业基金在欧盟总预算中比重约为 60%~70%。从 1986 年起，欧盟预算收入由农产品进口关税、各成员国上缴的 1.4%的增值税以及各国分摊额三部分组成，年均收入在 1000 亿欧元左右，其中 400 亿欧元用作农业基金。在农业基金中，用于价格支持的资金占去了 90%~95%，用于支持农业结构调整的资金仅占 5%~10%，这种农业基金运用结构既不利于欧盟农业竞争力的提高，还引起了其他部门的不满，阻碍了欧洲一体化的推进。

第二，为新一轮世界贸易组织农产品贸易谈判作准备。欧盟在世界农产品市场上以贸易保护主义著称，欧盟的农产品进口关税约为30%，远高于美国12%的平均水平；欧盟农业产值的35%来自补贴，而美国只有约5%的农业产值来自补贴。尽管美国的农业补贴总量少于欧盟，但美国农民人均享受到的补贴却大于欧盟。鉴于此，2002年7月，美国提出：将全球农产品关税在五年内从62%降至25%以下，同期，WTO成员国将农业补贴减少到该国农业产值的5%以内，将所有农产品的配额增加20%，取消农产品出口补贴。美国和欧盟都是世界农产品的主要贸易地区，美国农业竞争力强于欧盟，在贸易政策上，美国主要瞄准“进入外部市场”，欧盟则着力“保护内部市场”。因此，2003年1月，欧盟提出：在现有基础上，将关税减少35%，出口补贴降低45%，国内农业补贴削减55%，给予发达国家6年和发展中国家10年的过渡期以符合WTO规则。欧盟显然是想利用过渡期进一步调整自己的共同农业政策。

第三，欧盟的农业、农村和农民的发展目标发生变化，突出“三优先”，对于农业，强调农业生产及其产品的质量、环保和安全，走“多产”经“少产”到“优产”之路，并着力提高农业竞争力；对于农村，追求农村风光的赏心悦目和充满活力的农村社区的建设，以及农业就业的稳定；对于农民，给予直接收入支持补贴。欧盟在不大幅度削减农业基金绝对数的同时，将改革基金内部的资金调配使用范围。例如，为创业的年轻农民提供25000欧元的资助；对在困难地区发展农业者提供每英亩(1英亩约合6.07市亩)25~200欧元的资助；对提前退休者每人每年提供3500~15000欧元的资助；对于植树造林带来的损失每英亩提供185~725欧元的补偿；对有益于环保项目提供每英亩450~900欧元的资助；对保护森林和生态者每英亩资助40~120欧元等。

第四，为欧盟进一步扩大作准备。2002年12月，哥本哈根首脑会议确定了第五轮扩大的10个新成员国名单，其中有8个是中东欧国家。这些国家农业劳动力众多、劳动生产率低、农产品价格一般只是欧盟的50%。要想使这些新成员国农民的收入很快提高到现有成员国的水平,是欧盟农业基金根本负担不起的。因此,法国和德国提出:2004年新成员国只能享受到现有成员国补贴标准的25%,以此为基础逐年递增,到2013年才能享受与现有成员国相同的待遇。新成员国则提出:一开始就要享受现有成员国50%的补贴标准,波兰甚至要求65%。丹麦于2002年11月提出折中方案:将2004~2006年三年用于接纳新成员国的费用增加到388亿欧元,使新成员国农民得到的补贴在加入欧盟当年就能达到现有成员国40%的标准,并将过渡期由10年缩短至6~7年。欧盟共同农业政策的调整与改革为其进一步吸纳成员国设定了必要的资金与法律框架。

总之,尽管近年来欧盟加强了共同农业政策的改革力度,但由于世界各国间、欧盟成员间以及诸国内部利益集团间的矛盾纷争,在改革中难免会遇到各种各样的阻力,今后的道路依然不会平坦。

四、欧盟共同农业政策调整与改革效果

欧盟共同农业政策的一系列调整与改革取得了一定效果,主要表现在:其一,部分农产品价格水平有所降低,如,欧盟目前的小麦价格水平已经接近国际市场价格;其二,农业补贴的绝对数量没有明显减少,1999年,法国的农业补贴由1991的68亿欧元增加到了92亿欧元;其三,农业补贴结构发生变化,对农场的直接补贴力度加大,1991年,法国用于农场的直接补贴仅有6亿欧元,到1999年,这一补贴额度增加到了59亿欧元,用于价格补贴和出口补贴的额度则由62亿欧元减少到了33亿欧元。

第三节 欧盟的农产品贸易促进项目

一、欧盟的农产品贸易促进项目发展背景

20世纪80年代，欧盟就已经开始开展农产品贸易促进项目的活动了，但最初的贸易促进项目涉及的农产品较少，又相对较为分散，作用的效果并不十分理想。20世纪90年代末，随着贸易自由化进程的加快，面对以出口补贴等传统手段支持农产品贸易带来的巨大压力，欧盟不得不进行改革。此外，美国、澳大利亚、日本等国为了提高自身农产品的出口竞争力，在政策上和资金上也都给予了大力的支持。在内部负担和外部压力的综合作用下，欧盟决定调整农产品贸易促进计划，将原来分散孤立的农产品促销支持计划进行合并和充实，给出口企业在信息、资金、政策上提供更为充分的保障，以帮助欧盟出口企业占领国际市场，扩大在国际市场中的份额。1999年1月，欧盟委员会正式向欧盟理事会就农产品贸易促进项目提出建议：在欧盟范围内制定协调一致的贸易促进政策，为出口企业提供信息服务，每年提供1500万欧元资助出口企业开展各类商业活动，以促进农产品出口。该建议于同年12月获得批准并于2000年1月1日起生效。

二、欧盟农产品贸易促进项目的主要措施

欧盟农产品贸易促进项目的主要措施包括下列几个方面：

第一，推进公共关系的建立，对欧盟高质量、安全营养、符合环保要求和动物福利的农产品进行宣传和推广，为出口企业进入国际市场建立公共联系。

第二，参加国际商务展览及其他相关活动，按照欧盟会展标

准,对欧盟农产品进行规范化宣传。

第三,开展对欧盟的产品原产地标识、传统产品特性保证标识、产品地理标识和有机农业体系进行宣传的活动。

第四,加强对欧盟特定区域葡萄酒质量体系、标有地理标识的鲜食葡萄和酒精饮料等的宣传。

第五,对新市场进行调研,进一步扩大现有市场。

第六,鼓励欧盟高层官员参加大型国际博览会,开拓国际市场。

第七,研究贸易促进及信息服务措施经验的评估报告。

在上述措施中,欧盟将给第五、第六、第七项活动提供全部的资金支持,对其他措施的支持费用,欧盟、申请者、申请者所在成员国分别负担50%、30%和20%。

三、欧盟农产品贸易促进项目的资助标准

欧盟对于接受资助的农产品做了明确规定:一是欧盟的传统优势产品和高质量、高附加值的农产品;二是出口机会大、具有开辟新市场潜力并可直接消费的农产品及其加工产品;三是需求量大且在目标市场中会遇到强大竞争力的农产品,比如那些出口到东南亚、中东、拉美、日本、美国、加拿大、澳大利亚等地区和国家的农产品很可能会遭遇强有力的竞争。

农产品贸易促进项目的适用对象与申请程序是:①适用对象为欧盟成员国中从事农产品国际贸易的生产者联盟、机构和行业协会;②申请者必须制定三年内的农产品贸易促进及信息服务规划和项目建议;③欧盟成员国政府应根据相关规定——受资助重点产品名录,推荐申请者及其农产品;④可分别于每年的6月15日和12月15日之前提出申请; ⑤每个项目的执行期限为三年。欧盟委员会成立了专门的农产品贸易促进项目咨询小组,对申请

者提交的项目进行评估，按年度分批分步骤地公布符合条件的项目。项目一旦得到批准，申请者及其所在的成员国必须保证资金的及时、足额地投入。

2001年，总预算为1962万欧元的18个项目获得批准，其中欧盟投入981万欧元；2002年，总预算为1406万欧元的6个项目获得批准，其中欧盟承担703万欧元；2003年，总预算为1769万欧元的12个项目分批得到批准，其中欧盟投入883万欧元。2004年9月24日，第一批项目总预算为1009万欧元的8个海外促进项目获得欧盟批准，其中欧盟承担503万欧元，涉及的农产品有水果及蔬菜、葡萄酒、马铃薯、橄榄油和地中海特色产品，涉及的"第三国"目标市场分别为加拿大、美国、俄罗斯、日本、澳大利亚、中国等6个国家。

四、欧盟农产品贸易促进项目的特点

第一，政府决策部门、出口企业和相关行业部门联系紧密。欧盟高层领导人参与贸易促进活动从整体上提高了欧盟农产品的附加值，增强了消费者对欧盟农产品的信心。与一个国家为销售自己的农产品而举办的商贸活动相比，欧盟高层的访问能够带来更深层面的效益，比如废除贸易壁垒，放心地接受欧盟的管理等。

第二，欧盟农产品贸易促进项目基本上都属于小型贸易促进项目，支持的重点集中、形象突出，产品及目标市场定位准确，多为具有出口竞争优势的农产品。

第三，按年度或分批执行项目的方式有利于合理掌握欧盟整体的农产品促进重点，充分协调与平衡成员国之间的贸易活动计划。

第四，政府管理部门直接负责建立统一的农产品标识体系，为出口产品提供了更让消费者放心的质量安全保障，增强了欧盟农产品在国际市场中的竞争力和品牌效力。

第五,由相关行业自下而上申报项目,产品针对性更强,预算更加准确可靠。

第六,在开展贸易促进活动的经费上采取与申请者、项目所在成员国共同投入的方式,既灵活便捷、符合实际,又不会给决策部门带来财政压力。

综上我们可以看到,欧盟农产品贸易促进项目主要采取分批执行的方式,尽管农产品贸易促进项目的规模与美国相比有些偏小,表现在欧盟对每个项目和单个农产品投入的经费并不高,但项目的针对性、延续性和整体性更强,对农产品出口的支持力度还是相当大的,其“资金分担、统一管理”的办法更值得学习与借鉴。

第六章　巴西农产品贸易与市场流通

第一节　巴西农业发展概况

巴西联邦共和国位于南美洲东部，国土面积8514200平方公里，约占南美洲总面积的46%，仅次于俄罗斯、加拿大、中国和美国，为世界第五大国家。2000年，巴西约有1.7亿人口，居拉美首位，世界第5位，其中城市人口占81.25%，农村人口占18.75%。巴西的人口密度较低，每平方公里不到20人，其中90%以上的地区人口密度不到10人。首都巴西利亚，大约有160万人，特大城市和大城市集中了全国的绝大多数人口。

2000年，巴西的国内生产总值为10890亿雷亚尔，约合5958.5亿美元，其中工业、农业、服务业在GDP中所占的比例分别为33.1%、9.1%和57.8%，人均国内生产总值6560雷亚尔，约合3587美元。巴西的二元经济十分典型，贫富差距极大，贫困和营养不良的低收入者数量众多，占人口10%的高收入者占有着全国50%的财富。城乡差别和地区差异突出，城市化发展迅速。

一、巴西农业生产状况

农业在巴西国民经济中占有举足轻重的地位，是巴西外汇收入的重要来源之一。2001年，巴西农业总产值约占国内生产总值的30%，吸纳了全国25%的就业人口，谷物产量从1996年的7370

万吨增加到了9855万吨,增幅达32%。2002年,巴西农牧业总产值达4243.2亿雷亚尔,以当年价格计算,产值较2001年增加了327.9亿雷亚尔,增长8.37%,其中农业总产值增长了10.21%,畜牧业总产值增长了4.29%。

(一)种植业

水稻、小麦、大豆、甘蔗、木薯、马铃薯等是巴西主要种植的品种。2002年,大米总产量达1048.9万吨,每亩单产为153公斤,小麦总产量达320.3万吨,每亩单产在98公斤左右。

由于巴西近几十年来非常重视大豆的生产,因此,大豆产量增长迅猛。2002年,巴西的大豆产量由1994年的2485万吨增加到4190.3万吨,超过亚洲的大豆总产量,仅次于美国,占世界大豆总产量的1/5。大豆及其加工品的出口成为巴西重要的外汇来源,近年来平均为国家创造了近30亿美元的外汇。其中,大豆年出口量约在300~400万吨,创汇8亿多美元,大豆饼粕出口达850万吨,创汇约16亿美元,豆油出口大致在50~80万吨,创造的外汇收入在3亿美元左右。

20世纪70年代中期以来,面对能源不足带来的问题,巴西开始实施用甘蔗加工乙醇取代汽油的计划,计划的实施极大地增加了甘蔗的种植面积。

棉花原本是巴西的第二大出口产品,但因种植棉花的农田纷纷用来生产大豆和甘蔗,使得巴西农产品的出口结构发生了明显变化。

此外,巴西的气候适宜于许多热带水果生长,柑橘、香蕉、菠萝等也在世界上占有重要的地位。

(二)畜牧业

巴西的牧场面积是耕地面积的3倍,为发展畜牧业创造了良好的条件。巴西养牛的头数及牛肉产量均居世界第二位,养猪的头数位列世界第三，养禽业近年来也得到了较快发展。2002 年，巴西牛、猪和小鸡的存栏数分别为 1.76 亿头、3000 万头和1.05 亿羽。巴西的猪肉和禽肉产量均居拉美国家的首位，其中禽肉的出口增长较快，肉类出口每年为巴西创造的外汇收入在 8 亿美元左右。巴西养牛业以放牧为主，集约化的奶牛场主要集中在大城市附近，奶产品仍需大量进口。在南美洲，巴西是奶制品最大的进口国，每年需耗费 1 亿多美元的外汇用于进口奶制品。

（三）渔业

尽管巴西发展渔业的条件较好，但其渔业生产水平还较低。近海捕鱼量的减少，使得巴西水产品的产量由 20 世纪 80 年代的 90 万吨减少到了目前的 80 万吨，淡水鱼的产量一直稳定在20 万吨左右。目前，巴西渔产品的出口在拉美国家中位列第五，却是拉美地区水产品进口量最多的国家。

（四）林业

巴西森林覆盖率高达 60%，是林业资源最丰富的国家之一。20 世纪 90 年代初，巴西圆木的年产量在 2.65 亿立方米，约占世界总产量的 8%。1992 年，巴西的林产品出口总额达 19 亿美元左右，占拉丁美洲的 54%。

（五）农产品加工业

巴西的农村发展很不均衡，农村基础设施落后制约了巴西农产品储存、运销和加工的发展。此外，技术缺乏在很大程度上影响到了农产品深加工业的发展，使得农产品增值的潜在收益被转移到了发达国家。以可可豆为例，1992 年，巴西共出口了 5.2 万吨可可粉，只赚得 2151 万美元；而地处寒温带的荷兰根本不生产可可，却出口了 10.3 万吨可可粉，创汇高达 1.46 亿美元。

二、巴西农业发展的特点

(一)农业资源利用率低、农业增产潜力大

巴西的土地资源、生物资源、水资源十分丰富,中西部著名的“稀树草原”占到了全国土地面积的21%,其中可开发利用的土地约有12亿公顷。现阶段,巴西正处于“拓展农业边疆”的发展阶段,耕地面积不断扩大。近20年来,巴西的耕地面积年均递增1.84%,由3440万公顷扩大到了4950万公顷,现有耕地面积却只占到了国土面积的6%,人均耕地面积约为0.3公顷(大约为4.75亩)。巴西丰富的土地资源为其发展农业提供了巨大的潜力,被认为是“21世纪的世界粮仓”。

(二)现代化的商业农场与小农经济并存

巴西的土地占有状况极不均衡。全国的良田大部分掌握在大庄园主手里,大庄园主拥有的土地规模最大的可以达到几万、甚至几十万公顷,以现代化的商业农场经营为主,甘蔗、大豆、可可、咖啡出口农产品是他们生产的主要农产品。但与此同时,巴西自给性小农拥有的农场数占到了农场总数的85%,规模很小,以生产木薯、黑豆等为主,农业劳动生产率和农民的经济收入都很低。此外,巴西还有1200万无地农民,他们生活在社会最底层,多半仍处于极度贫穷的状态。

(三)地区经济发展极不平衡

巴西的地区发展也很不均衡。南部和东南部地区是巴西的经济发达地区,这些地区拥有先进的现代科学技术和经营管理方法,吸引了大量的资本投入。而东北部和中西部地区则是巴西的欠发达地区,这里的小农生产仍然以传统的耕作方式为主,有的甚至刀耕火种,对资源的破坏十分严重。东北部地区,尽管河流湖泊较多,但由于缺少灌溉系统,加之气候干旱,农业基本上是“靠天吃饭”，属于巴西最落后的地区。

（四）农业是巴西外汇收入的主要来源，粮食仍需进口

政府鼓励生产大豆等出口作物，以赚取更多的外汇，同时也可减少对可可、咖啡等传统出口作物的过分依赖。农业仍是国家主要的外汇收入来源之一。

第二节 巴西农产品贸易与市场流通发展历程及现状

巴西是农产品出口大国，农产品出口赚取的外汇是其外汇收入的重要来源之一。在农产品国际贸易中，巴西政府十分重视发挥农业的比较优势，形成了有特色的农产品出口结构。其中柑橙、咖啡和蔗糖是巴西农产品出口中的支柱产品，其产量和出口量均居世界首位。

一、巴西农产品贸易总体情况

2002 年，巴西农产品出口值为 248 亿美元，顺差 204 亿美元；2003 年，农产品出口值增加到 307 亿美元，顺差进一步扩大到 258 亿美元；2004 年，巴西农产品出口值达到 390.16 亿美元，占当年巴西出口总值 964.75 亿美元的 40.4%，实现了自 2002 年以来连续三年的农产品出口大幅增长，实现农产品贸易顺差341.3 亿美元，超过了巴西当年 336.9 亿美元的全国贸易总顺差额。巴西近年进出口货物的品种结果见表 6-1：

表 6-1 巴西进出口货物品种结构 单位：%

	农业原材料	食品	燃料	矿物和金属	制成品
2001 年出口货物构成	4.1	27.6	3.6	8.3	54.3
2002 年进口货物构成	1.5	6.8	15.3	2.9	73.5

二、不同农产品的贸易情况

(一)巴西主要农产品进出口情况

巴西农产品出口产业相对集中,以肉类、大豆、酒精、木材及制品的出口为主,这些产品的出口增长占到了农产品出口增长的71%。2004年,巴西共出口大豆1920万吨,涉及金额100亿美元,比2003年增长了23.7%。肉类出口金额为61亿美元,比2003年增长50.4%,其中牛肉、鸡肉和猪肉的出口金额分别为19亿美元、25亿美元和7.44美元,比2003年增长了70%、45.8%和41.3%。酒精、木材和咖啡豆的出口分别达4.7亿美元、38亿美元和17亿美元,比2003年增长了21.5%、44.3%和34.3%(表6-2和6-3)。

表6-2 2004年巴西农产品出口表 单位:亿美元

	出口	进口	顺差
大豆及衍生物	100.47	1.25	99.22
肉类	61.43	0.84	60.59
木材及制品	37.81	0.79	37.01
纸和纸浆	29.09	7.57	21.51
皮革及制品	28.98	2.24	26.71
咖啡及茶	18.91	0.31	18.60
棉花及纺织纤维	14.41	2.77	11.63
烟草	14.25	0.19	14.05
果汁	11.93	0.9	11.02
粮食面粉	9.50	13.52	-.02
鲜果	6.06	3.32	2.73
海产品	4.16	2.41	1.74
可可	3.19	0.86	2.33
牛奶、鸡蛋	1.58	0.95	0.62
饮料	0.51	1.54	-1.03
其它	16.4	6.6	9.57

表 6-3 2004 年巴西主要农产品出口情况

	出口金额(亿美元)	较 2003 年增加(%)
大豆	53.95	25.8
豆粕	32.70	25.7
鲜、冻肉鸡	24.94	45.8
鲜、冻牛肉	19.63	70
咖啡豆	17.48	34.3
烟叶	13.80	31.2
猪肉	7.44	41.2
玉米	5.98	59.3
原糖	15.11	12
豆油	11.55	10.9
加工糖	11.28	42.8
橙汁	7.64	-16.1

2004 年,巴西农产品的主要出口市场是:出口中国 29 亿美元,增长 31%;出口意大利 16 亿美元,增长 27.8%;出口美国 57 亿美元,比 2003 年增长 19.9%;出口荷兰 37 亿美元,增长 17.4%;出口德国 19 亿美元,增长 17.1%;出口俄罗斯15 亿美元,增长7.9%。对中国和意大利的出口增长速度最快。

(二)谷物生产及进出口情况

总体上看,巴西的谷物生产基本上能够满足国内消费量,每年只有少量的进出口,谷物的进口量远大于出口量。近年来,巴西主要谷物的进出口结构如表 6-4 和 6-5 所示:

表 6-4 巴西谷物国内生产及进出口情况 单位:万吨

	1962	1972	1982	1992	2002
生产量	1407	2045	3060	4073	4740
进口量	234	204	458	633	861
出口量	4	18	65	4	42

表 6-5 巴西近年主要谷物国内生产及进出口结构 单位:万吨

	2000			2001			2002		
	生产量	进口量	出口量	生产量	进口量	出口量	生产量	进口量	出口量
小麦	166	785	4	337	730	5	311	676	5.0
大米	740	61	3	679	55	3	698	53	3.0
大麦	26	93	0	30	110	9	25	94	0.2
玉米	3188	177	4	4196	63	59	3593	35	33.0

(三)动物类产品生产及进出口情况

牛肉和禽肉是巴西出口较多的动物类产品,猪肉也有少量出口。巴西的动物类产品进口则以牛奶和水产品为主(表 6-6)。

表 6-6 巴西动物类产品进出口结构 单位:万吨

	1982			1992			2002		
	生产量	进口量	出口量	生产量	进口量	出口量	生产量	进口量	出口量
牛肉	305	2	38.0	472	10.0	43.0	731	7.0	94.0
猪肉	87	0	0.3	230	0.0	4.0	280	0.0	58.0
禽肉	163	0	30.0	296	0.0	38.0	724	0.1	172.0
牛奶	1193	11	0.1	1642	33.0	3.0	2245	121.0	15.0
鸡蛋	84	0	0.5	134	0.1	0.4	161	0.0	0.8
水产品	83	12	7.0	77	16.0	7.0	98	34.0	10.0

(四)植物类产品生产及进出口情况

巴西的植物类产品出口以大豆、糖类、咖啡、橘子为主,这些产品的出口量较大。2002 年,大豆、糖类、咖啡和橘子生产量的 38%、59%、66%和 54%分别用于了出口(表 6-7)。

表 6–7 巴西其他植物类产品的进出口结构　　　　单位:万吨

	1982			1992			2002		
	生产量	进口量	出口量	生产量	进口量	出口量	生产量	进口量	出口量
糖类	931	0	282	999	10	255	2381	0.7	1395
大豆	1284	125	50	1922	47	373	4213	105.0	1597
豆油	229	2	85	283	12	72	494	13.0	194
蔬菜	445	2	2	549	21	10	801	29.0	19
水果	2105	22	682	3307	19	1261	3573	33.0	1153
橘子	1219	0	664	204	0	1227	1979	0.3	1068
咖啡	96	0	103	129	0	122	265	0.0	175

三、巴西农产品进口市场分析

巴西绝大多数农产品国内自给率很高,较少依赖进口,进口结构较为稳定,农产品进口量仅占巴西进口总额的 7%,小麦进口量最多,2001 ~ 2003 年小麦平均进口量占到了农产品进口总额的 26%,大豆、棉花、麦芽、大米、全脂奶粉也有一定量的进口,这些农产品的进口量占到了巴西农产品进口总量的 45%。2003 年,从中国进口金额比较大的农产品依次是:蔬菜、动物饲料、糖类和调味品(表 6–8)。

在巴西国内消费的主要农产品中,只有小麦的进口量占到了国内消费量的一半以上,其他农产品的进口量在国内消费量中所占的比重都很小, 除大米进口量的比重在 1995 以后超过了5%外, 其余绝大多数农产品的进口比例均未超过5%(表 6–9)。

表 6–8 2001～2003 年巴西主要农产品进口情况

	从世界进口(万美元)			从中国进口(美元)	中国份额%
产品	2001	2002	2003	2003	2003
活动物(不包括鱼类)	2290	3179	1046	0	0
肉及肉制品	7172	8369	7505	704	–
奶及奶制品	18753	25978	11664	0	0
奶	15937	22606	9691		
黄油和奶酪、凝乳	2816	3372	1974		
蛋类产品	445	957	799	2508	0.031
鱼类及海产品	27914	22923	21729	255	–
活、鲜、冷冻或冷藏鱼类	13498	11834	12068	0	
谷物及淀粉类产品	151549	141786	182725	689054	0.038
小麦	97732	96642	111450	0	
大米	14259	11882	31835	0	
蔬菜、水果、及制品	52962	41789.	38727	19326767	4.99
蔬菜及制品	31016	24700	23965	19216059	8.02
水果、干果及制品	21106	16537	14533	107171	0.074
蔬菜汁、水果汁	840	552	230	3537	0.15
糖类	3841	2602	1998	320851	1.6
咖啡、可可、巧克力、茶	7368	13641	15030	104459	0.069
调味品	7916	1861	2020	271965	1.35
动物饲料	9195	13067	12993	2597211	2
可食用产品杂项食品	10702	9971	8997	794254	0.88
饮料	15082	12970	12867	2925	–
烟草	2619	2625	2590	0	0

表 6-9 巴西国内消费的主要农产品中进口所占份额(%)

	1990～1992 年平均	1995～1997 年平均	2002～2004 年平均
小麦	55.0	68.7	55.5
玉米	2.7	2.1	1.2
大米	1.6	6.2	7.8
豆类	3.4	5.1	3.0
食糖	0.7	0.3	0.0
奶	0.0	0.5	0.0
牛肉和小牛肉	3.9	4.4	1.2
猪肉	0.9	0.4	0.0
家禽	0.0	0.0	0.0
蛋类	0.3	0.2	0.0

巴西消费类农产品进口以加工水果和蔬菜、奶制品、红肉、新鲜水果、新鲜蔬菜、葡萄酒和啤酒为主，2001～2003 年，消费类农产品的进口金额逐步减少，2003 年的进口量比 2002 年减少了 22%，仅有 8.39 亿美元，蔬菜和水果及制品、点心、小吃、奶酪等的进口量都有不同程度的下降（表 6-10）。

从表 6-11 可以看出，巴西进口的消费类食品主要来自南方共同市场，这一比例达到了 60%，欧盟仅次于南方共同市场，排在第二位，约为 20%，美国位列第三，在 7%左右。欧美的消费类食品符合巴西人尤其是巴西高端消费者的饮食习惯，因此，欧美出口到巴西的消费类食品主要是瞄准了巴西的高端消费者。

表 6-10 巴西消费类农产品及可食用水产品进口总额 单位:百万美元

	2001 年	2002 年	2003 年
消费类农产品进口总额	1101	1077	839
点心、小吃(不包括坚果)	60	41	30
谷物类早餐食品、早餐饼	4	1	1
红肉(新鲜、冷却、冷冻)	68	80	71
红肉(处理过的、保存的)	4	2	2
禽肉	1	1	1
奶制品(不包括奶酪)	213	274	130
奶酪	24	22	14
蛋及蛋类产品	7	13	12
新鲜水果	128	97	69
新鲜蔬菜	78	67	66
加工水果和蔬菜	208	184	148
水果汁、蔬菜汁	8	6	2
坚果	31	22	21
葡萄酒、啤酒	79	65	70
幼儿食品、切花	8	10	7
宠物食品(狗食、猫食)	6	6	4
其他消费类产品	174	187	193
水、海产品	279	229	203
农产品总计	3545	3562	3664
农、渔、林产品总计	3887	3840	3926

表 6-11 巴西消费类食品的主要进口国 单位:百万美元、%

	2000 年		2001		2002		2003	
	进口额	份额	进口额	份额	进口额	份额	进口额	份额
南方共同市场	1003.9	63.5	635.5	55.6	649.7	58.5	602.9	60.6
欧盟	303.7	19.2	263.9	23.1	232.7	21.0	205.0	20.6
美国	104.3	6.6	92.1	8	82.6	7.4	72.4	7.3
其他	168.4	10.7	151.7	13.3	145.3	13.1	114.6	11.5
总计	1580.3	100.0	1143.2	100.0	1110.3	100.0	994.9	100.0

第三节 农业合作组织及其在农产品贸易与市场流通中的作用

一、农业合作社及其在农产品贸易与市场流通中的作用

(一)农业合作社的性质

巴西农业合作社成立于 20 世纪 60 年代至 70 年代。1969 年,全国农业合作总社成立,每个州也都成立了相应的合作社协会。1971 年,巴西颁布《合作社法》,从法律上规定合作社为非盈利性的民间组织。合作社是一个向社员提供产、供、销及市场信息一条龙服务的经济联合体。1988 年,巴西的《国家宪法》又对合作社的合法性和自主性给予了认可。社员大会是合作社的最高权力机构,合作社的重大事项必须由社员投票表决,社员享有同等的投票权。管理委员会由社员大会选举产生,任期四年,不得连任,改选时至少要得到 1/3 社员的同意。合作社坚持为社员服务、自愿参加、民主管理的宗旨,禁止任何人在合作社中拥有的股份超过股

份总数的1/3。合作社需将收益的5%用作教育、技术和社会基金，帮助社员及其家庭成员。在合作社里，土地由社员自己耕种和管理，收益也归社员自己享有，社员的农牧产品可自由出售，也可委托合作社出售。合作社主要负责农用物资采购、向社员提供良种、仓储、加工、销售、技术指导等服务，并收取一定的服务费，基本上是服务到家，随叫随到。此外，合作社一般还拥有自己的小商品市场，有的商品是社员自产的，有的商品是合作社直接从厂家购进的，社员在合作社的小商品市场里所购商品的价格一般要比市价低30%左右。

(二)农业合作社的组织类型

巴西农业合作社的组织类型主要有以下两种：一种是由农户自发组织的合作社，通过集资办农产品加工厂，将社员生产的农产品集中加工、统一推销，合作社领导由农户选举产生；另一种是由工业企业或财团牵头，与农户订立合同，企业根据市场需求组织农户生产，按合同约定收购农户产品。这种建立在组织或合同基础上形成的集生产、加工与销售于一体的产业发展模式，不仅将农户与市场有机地结合起来，提高了农产品的附加值，增强了农产品的竞争力，也增加了农民的收入。

(三)农业合作社的主要职能

目前，巴西的部分农业合作社已经发展成为包括农牧业生产、加工、仓储、贸易的产业集团，其具体职能主要有：一是帮助农户调整生产结构；二是为农户提供生产技术、市场信息、经营管理咨询、人才技术培训、包装运输和销售出口等服务；三是降低生产资料和农产品的流通成本，增强农民应对市场风险的能力；四是对社员进行培训；五是社会服务功能，如开办学校、幼儿园、医院、文化体育场所，有些还有自己的报纸和电视台等。农业合作社在创造就业岗位、提高农村人口素质、推动生产发展、实现供销一体化、扩大农产品出口等方面起到了积极的作用。

（四）农业合作社在农产品贸易与市场流通中的作用

20世纪90年代初，巴西全国共有合作社4000多个，涉及成员4000多万户，主要有渔业合作社、供销合作社和农村电气化合作社三种。渔业合作社有近30个，主要为渔民提供技术培训，帮助渔民购置渔业机械设备等生产资料，发展渔产品的冷冻、加工、运输和销售；供销合作社约有1500个，主要负责生产资料的供应，为农户提供市场信息、生产技术、经营管理咨询、技术培训等服务，以及农产品的分级分等、包装、仓储、运输、销售和出口等服务；农村电气化合作社约有300个，负责对农用电收费的管理和征税，帮助农户集资修建供电设施，改善农民的生产和生活条件，推动地区经济的发展。部分经营较好的合作社已经发展成为了颇具规模的农工综合企业，尤其是那些从事酒、糖、咖啡加工的企业，从净资产、销售额和就业等指标看，在巴西经济中居于十分重要的地位。

此外，巴西还有大约2000个农牧业合作社。经由农牧业合作社提供的产品在全国农牧业生产中所占比例分别为：小麦75%、猪52%、牛奶52%、黄油50%、出口羊毛43%、炼乳42%、大麦41%、甘蔗40%、棉花40%、酸奶40%、大豆37%、奶酪35%、玉米34%、奶粉25%。在农牧业合作社系统内，共建有1000家左右的牛奶场、屠宰厂、豆油厂、粮食加工厂、棉纺厂、肥皂厂、果汁加工厂、肥料厂等，可以提供2000万吨的仓储，占全国总仓储能力的30%以上。

1993年，巴西农牧业合作社生产的大豆及其加工制品的出口额为2.13亿美元、浓缩桔汁2亿美元、棉花7400万美元、糖5350万美元、咖啡2990万美元、羊毛1620万美元、可可980万美元、牛肉及家禽630万美元、蚕丝及其制品630万美元。而巴西当年的外贸出口总额也只有388亿美元，可见，经由农牧业合作社提供的产品在巴西对外贸易中占有十分重要的地位。

2005年初，巴西各类合作社已发展到7355家左右，拥有职工18万人，涉及农民576万多人。事实表明，参加农牧业生产合作社的农户平均收入是没有加入合作社农户的两倍。充分说明，农户从合作社中得到了实实在在的收益。据巴西计划部实用经济研究所2004年的调查，1994~2004年，巴西农村贫困人口比重下降了9.8个百分点，农村人口外流的现象基本得到控制。

（五）农业合作社的资金来源

合作社的资金积累和自我发展除靠政府的优惠政策和自身经营能力外，主要来自于批发价和零售价之间的差价及收取服务费和社员会费（比例很小）。

二、农业行业协会及其在农产品贸易与市场流通中的作用

“全国农业联合会”是巴西农业生产者自发组织起来的民间机构，总部在巴西利亚，联合会设有大豆及其制成品、土豆、玉米、咖啡、棉花、柑橘、烟草等专项农产品委员会。巴西各州、市也都设有农业生产者协会，隶属于“全国农业联合会”。“全国农业联合会”主要具有以下几项职能：一是在全国范围内收集农业生产者对农产品贸易的意见和建议，供政府相关部门在制定政策时参考；二是负责向政府相关部门就解决农产品贸易问题的措施提出建议；三是在农业经营者与政府部门之间进行沟通和协调，向农户传达政府关于农产品贸易的最新政策。由此我们可以看出，全国农业联合会不仅是政府与农业经营者之间进行有效沟通的桥梁和纽带，也是向政府转达农业生产者意愿的重要代表。

1999年，全国农业联合会、巴西农业企业协会和巴西农业合作社共同创立了“国际贸易谈判永久论坛”，论坛定期召开会议，收集

农业部门的意见和建议,制定农业贸易规划,为国家制定农产品贸易谈判战略提供意见和建议。巴西政府在美洲自由贸易区谈判、世界贸易组织各类磋商、南方共同市场与欧盟自由贸易协议谈判的方案中,都参考和吸纳了一些来自"国际贸易谈判永久论坛"企业界的建议。随着巴西经济国际化进程的加快,企业界在巴西对外贸易政策的制定、国际农产品贸易谈判中起着越来越重要的作用。

第四节　政府在农产品贸易与市场流通中的扶持政策

一、巴西农业政策的演变

巴西政府制定农业政策的目标旨在提高农民收入、促进农业发展,并在不同时期对农业政策进行调整。巴西的农业政策以 1994 年乌拉圭回合农业协议的达成为标志,可以划分为两个阶段:

第一阶段:1995 年以前,农业政策由补贴向价格支持转变的阶段,政策的目标旨在支持和保护农民收入。

1975 年以前,巴西的农产品出口以咖啡和可可为主,之后开始转向大豆、玉米、大米和小麦等谷物。1965 ~ 1985 年,巴西政府累计投资于农业的资金约为 2191 亿美元,其中 310 亿用于农业补贴,其他用于投资和市场政策。随着政府财政压力的不断加大,巴西政府从 1985 年开始取消对农业的补贴,转向价格支持为主的政策,目的在于确保农民具有稳定的收入。价格支持主要有两个手段:一个是营销贷款;另一个是联邦政府的直接购买。当农产品的市场价格低于规定的最低价格时,由联邦政府直接买入。如 1987 年政府以最低价格方式购买的农产品达 1230 万吨。价格支持手段的运用减少了政府用于农业的补贴支出,促进了巴西农业的发展。1985~1995年，在农业补贴由142亿美元减少到60亿美元的同时，巴西的谷物产量却由5980万吨增长到了8000万吨。

第二阶段：以产品售空计划和期权合约补贴取代旧的价格支持阶段，政策的目标旨在提高农业的国际竞争力，确保农民收入不低于城市居民收入。

面对巨大的财政压力，考虑到WTO规则的约束，巴西政府提出产品售空计划和期权合约补贴两个新的政策措施，取代旧的价格支持政策。这一阶段的政策目标为：一是减少对大农场的价格支持，增强其农产品在国际市场上的竞争力；二是针对小农户采取家庭农业支持计划，确保农民收入不低于城市居民收入，防止农村人口向大城市的过快和过度流动引发社会问题，维持社会的稳定。

二、现行的巴西农业政策体系

巴西的农业政策由结构政策、国内支持政策和贸易政策等三方面构成。

(一)结构政策

结构政策主要包括家庭农业支持计划和土地改革计划。前者是专门针对缺乏国际竞争力的小农制定的，旨在确保小农能够获得稳定收入，防止破产的小农向大城市过快过度流动造成社会不稳定，最终保证整个经济的稳定发展；后者旨在吸引农民到内陆的中西部开发后备耕地资源，通过大规模经营提高农业的竞争力。

(二)国内支持政策

国内支持政策内容丰富，目的在于通过各种途径来支持农民增加收入、提升农业的竞争力。其中价格支持政策是核心。

(1)价格支持政策。价格支持政策主要包括期权合约补贴和产品售出计划。期权合约补贴相当于一种价格保证制度。即现在就确定一个一定时期(如半年)以后的期权价格，期权合约到期时,如果实际市场价格高于期权价格,就由农民自行在市场出售产品;如果实际市场价格低于期权价格,仍由农民自己销售农产品，但政府会把市场价格与期权价格之间的差额直接补给农民。这样做既可以减少政府直接以保证价格收购形成的储备,又有利于稳定农民收入。但在实际中,由于市场价格往往高于期权价格,因此这种方法运用的并不多。产品售出计划旨在由政府通过向加工企业或批发商支付“差价”补贴以支持农产品价格。计划的额度有限,仅为产量的5~6%,由政府以拍卖的方式对额度进行分配,额度内提供补贴,额度外则不提供补贴。在该计划的实际运作中,只有玉米、棉花和小麦三种作物从中获益。2000年,产品售出计划共提供了7650万雷亚尔的补贴金额，玉米和棉花分别获得了1950万雷亚尔和5700万雷亚尔的补贴。(所谓“差价”是指市场价格与政府制定的参考价格之间的差额。参考价格既可以是官方的最低价,也可以是期权合约中约定的价格。实际上就是政府提供产地与消费地之间的运费补贴。即当中西部的农民把产品提供给南部的加工企业或批发商时,政府将两地之间的价差补贴给加工企业或批发商,以鼓励他们到内陆地区收购农产品,从而为内陆地区农民提供价格支持。)

(2)信贷政策。巴西政府根据上一年度农民的产值及种植面积,可向大农场主、中农和小农分别发放其所需资金55%、70%和100%的贷款,在利率上也有所差异,依次降低2~3个百分点,并以法律形式规定,商业银行必须将一定比例的农业信贷资金直接发放到中小农户手中，这一比例不得低于25%。如2000年在137.5亿雷亚尔的农村信贷资金中就有71.2亿来源于这一项,占到了农村信贷资金的51%。从贷款用途看,分别有89.27亿、25.12亿和23.1亿用于了流动资金贷款、营销贷款和投资贷款。1996年之后，流动资金贷款由43.9亿增长到了2000年的89.27亿；营销贷款增长迅猛，从3.86亿增加到25.12亿；投资贷款则由15亿增长到了23亿。不仅如此，巴西政府还建立了“提高竞争力基金”和“出口保障基金”，专门为从事农产品出口的企业开拓国际市场提供融资，帮助他们增加农产品出口。由此我们可以看出，巴西农业信贷政策的重点在于鼓励农民扩大农业生产，帮助中小企业增加农产品出口，信贷资金的增长为农村经济发展提供了必要的资金保障。

(3)农业保险政策。由于巴西国家的财力有限，加上地区之间发展的不平衡，农业保险政策主要在较发达的地区实施。巴西的农业保险由联邦中央银行独家经营，其他银行只能作为代理。与发放农业信贷同步进行，巴西的农业保险也分备耕、种植、管理和销售四个阶段进行，涉及“全额保险”和“分段保险”两个险种，保险范围以生产成本为上限，农业生产者可根据农作物、生产条件和不同年份，选择相应的保险项目。在保险金的分配上，政府和农民各负担50%，这种保险金共担的方式有利于促进农民参加保险降低农业生产风险。此外，巴西政府还要求农业生产者在签订保险合同的同时，必须与“巴西农牧业技术推广公司”签订技术服务合同，接受该公司的技术指导，以确保农业收成，减少风险。但农民认为12%的当前保险费率过高，因此，这一间接辅助手段并未得到全面推广。

(三)贸易政策

在与农业有关的各贸易团体、机构与私人部门之间的关系上，由巴西政府负责出面协调。在农产品贸易领域，巴西政府还负责动物健康、植物保护和食品检疫检验等方面的管理、动植物卫生检疫协定的落实以及转基因产品的管理等。

三、政府在农产品贸易与市场流通中的作用

(一)政府部门在促进农产品贸易方面分工明确

外交部、农业部、发展工业外贸部、巴西银行和总统府民政办是直接涉及农产品对外贸易的政府部门。①外交部:主要负责处理本国与外国农产品贸易中的纠纷,分析贸易纠纷可能产生的问题和后果,权衡其对双边关系可能带来的影响,并提出建议供高层领导参考,还负责与有关国家或世贸组织联络,组织和协调相关谈判。②农业部:作为巴西政府主管农业事务的职能机构,主要负责制订全国的农业发展政策和规划,提出鼓励农产品出口的相关措施,制定谈判方案,选定谈判人员,起草对外交涉口径和有关法律文件等,应对农产品贸易摩擦。③发展工业外贸部:是巴西政府主管对外贸易事务的职能部门,负责评估农业部提出的有关农产品贸易涉外工作的具体方案,协调农产品与其他商品对外贸易的“平衡发展”。管理和统计所有农产品的出口。④巴西银行:负责为农产品贸易提供进出口信贷服务。⑤总统府民政办:作为总统与各职能部门之间的“联络人”,在农产品贸易出现重大问题时,听取各职能部门的意见,必要时将有关方案直接提交总统裁决。

为使农产品贸易中的重大决策更具权威性和科学性,1995年,由外交部提议,经总统批准,成立了由外交部长、农业部长、发展工业外贸部长、巴西银行行长、总统府民办主任和计划部长组成的外贸委员会,专门负责处理农产品对外贸易中的重要事务。

(二)原则性和灵活性相结合,促进农产品贸易争端的解决

在农产品贸易争端的解决中,一方面,巴西政府始终坚持以国家的根本利益为出发点,最大限度地维护企业和农民利益的原则,如,面对欧盟对巴西咖啡贸易的歧视性规定给生产咖啡的农民造成的损失,巴西政府各部门步调一致,协同作战,在谈判中充

分运用 WTO 规则，据理力争，寸步不让，经过艰苦磋商，终于使欧盟各国无条件地放弃了针对巴西咖啡贸易的歧视性规定，坚持了在贸易谈判中的原则性立场；另一方面，巴西政府在解决农产品贸易争端的磋商安排和步骤上具有一定的灵活性，巴西政府要求主管部门在进行双边谈判前，要精研案情，摸清症结，吃透规则，不打无准备之仗，在首轮谈判没有结果的时候，巴西政府非常注意掌握节奏，不急于求成，继续精心准备下一轮的磋商，巴西政府的这种以双边磋商为主的谈判方式有利于当事人之间进行充分的沟通，最大限度地减少分歧，避免矛盾的扩大化和复杂化，有利于双方今后更好地开展合作。

（三）以维护农民的利益为根本出发点，强化政府的服务意识

巴西农业部在做出农产品贸易方面的重大决策前，均要通过全国农业联合会等中介组织充分征求农民的意见，以维护农民的利益作为制定农产品对外贸易政策的根本出发点。不仅如此，农业部的工作人员还不定期地深入农村基层，直接听取农户对农产品贸易的意见，并就某些农业政策对农民进行解释和说明，争取得到农民的理解和支持，必要时还会采取补偿措施。农业部的这种做法加大了政策的透明度，有效地调动了农民参与决策的积极性，确保了国家农业政策的贯彻与实施。

第五节　金融在农产品贸易与市场流通中的作用

一、给小规模农户提供低利率贷款支持其发展农业生产

在巴西，里约州对“小规模农户”的界定主要是基于以下五条

标准:①农场的农业用地不高于20公顷。以里约州为例,该州没有大规模农场,主要是中小农场。54%的农场在10公顷以下、37%的农场在10~100公顷、9%的农场在100~1000公顷,基本没有超过1000公顷的农场(而巴西北部很普通的农场就可达到2.5万公顷)。②必须是家庭经营,最多只能雇佣1个长期工人,特殊情况下可以再雇佣1个临时工人。③农户家庭年收入在3万雷亚尔(约1.2万美元)以下。④农业是其唯一的收入来源。⑤居住的范围仅限于农村或附近村庄。巴西的商业贷款利率一般为17%,而给小规模农户贷款的利率仅为2%或6%,远低于商业贷款利率。如果小规模农户采取分期还款方式的话,还可以免除30%的本金。如果小规模农户不能到期按时归还贷款,还可以向农业部门申请延长还贷时间。

二、以立法的形式允许不能按时还款的农户延期还贷

1995年以来,巴西政府一直致力于采取措施解决农民面临的债务危机问题。其中一项重要措施为:以立法形式允许,如果农民到期(1995年6月份)不能按时还款,则可以与放款者协商,延期还贷。与此同时,对额度不同的债务可以延长的期限及利率都作出了具体规定:农场债务在20万雷亚尔(约合10万美元)以下的,可以延期10年还贷,年利率为3%加上通货膨胀率;农场债务在20~50万雷亚尔之间的,可以延期20年还贷,年利率为8%加上通货膨胀率;农场债务在50~100万雷亚尔之间的,年利率为9%加上通货膨胀率;农场债务在100万雷亚尔以上的,年利率为10%加上通货膨胀率。

参考文献

[1] 巴西农业合作社运动.中国改革论坛.

[2] 陈炳辉,安玉发.农产品批发市场发展模式国际比较及对中国的启示.世界农业,2006(2).

[3] 冯平涛,李文双 .农村合作金融发展模式的国际比较及经验借鉴.深圳金融,2005(8).

[4] 高伟.日本农协金融的早期发展概况及启示.济南金融,2004(5).

[5] 高伟. 我国发展农村合作经济组织的必要性和模式选择.农业经济导刊,2003(1).

[6] 黄红斌.日本农业金融制度的发展.现代日本经济,1996(6).

[7] 李毅. 从日本的农业政策实践看当前我国的农产品价格流通体制改革.

[8] 辽宁省农经考察团.对日本农协的考察报告.农业经济,2002(8).

[9] 美国、加拿大促进农产品出口贸易的经验.浙江农业信息网.

[10] 美国农业合作社的概况.中国农经信息网.

[11] 美国农业合作社一瞥.浙江农业信息网.

[12] 美国大豆协会对大豆种植业的贡献.学会月刊,2004(5).

[13] 美国农业合作社发展面临的问题与启示. 世界农业,

2004(7).

[14] 欧盟共同农业政策的形成与调整.山东农业信息网.

[15] 欧盟农产品贸易促进项目及特点.中国农业对外经贸信息网.

[16] 邱雁.欧盟共同农业政策改革内容.

[17] 裘元伦.欧盟共同农业政策改革.求是,2003(8).

[18] 沈明其.论我国农产品对外贸易政策的调整.经济学家,2004(3).

[19] 孙剑,李崇光.美国和日本主要农产品营销渠道比较.世界农业,2003(3).

[20] 王红霞.解析加拿大农产品出口促销体系.

[21] 王振林. 日本农村合作金融的运行机制. 东北亚论坛,1994(2).

[22] 肖东平,陈华.农村金融:美国的经验及中国的路径选择.中国经济时报.

[23] 徐祥临.关于重建农村合作经济组织的思考.农村合作经济经营管理,2001(1).

[24] 徐瑜青,张云静.日本农协及其对我国西部地区农村合作经济的启示.清华大学中国经济研究中心研究动态.

[25] 衣保中.日本农协在农业产业化中的作用及其对我国的启示.清华大学中国经济研究中心研究动态.

[26] 俞菊生,张培红.三大世界级城市的农产品市场模式.世界农业,2004(10).

[27] 章政.现代日本农协.中国农业出版社,1998 年版。

[28] 赵瑞民. 农村信用社改革政策建议. 金融时报,2004-7-13.

[29] 郑风田,张晓燕.美国农产品出口促销的金融支持服务

及启示.

[30] 中国对巴西农产品出口指南,2005年(11).

[31] 朱信凯,雷海章.日本农产品批发市场的发展及其启示.调研世界,2000(6)。